Der Prophet Mohammed

Eine kleine Kulturgeschichte des Islam

الله
جل جلاله

Gabriel
Mandel Khân

Der Prophet Mohammed

Eine kleine Kulturgeschichte des Islam

Zur Transkription:
Im vorliegenden Buch werden Namen und Begriffe aus dem Arabischen und anderen, sehr unterschiedlichen orientalischen Sprachen verwendet. Aus Gründen der Lesbarkeit wurde keine wissenschaftliche Transkription benutzt. Wert gelegt wurde auf die Einheitlichkeit der Wiedergabe, wenn diese auch nicht immer konsequent durchgehalten werden konnte. Personennamen, geografische Bezeichnungen und Begriffe, die eingedeutscht sind, behalten ihre deutsche Schreibweise.
Die hier angewendete Umschrift basiert mit Abweichungen auf der im Englischen üblichen Umschrift:

dj ist als dsch auszusprechen, sh als sch
kh entspricht dem harten ch
th entspricht dem englischen stimmlosen th
dh entspricht dem englischen stimmhaften th

Aus dem Italienischen von
Caroline Gutberlet
Suzanne Fischer
Susanne Grandel

Gestaltung
Elena Dal Maso

Umschlagsgestaltung
Federico Magi

Satz
Gabriela Wachter

Abbildungen
Max Mandel

Die Originalausgabe erschien
©2001 bei Arnoldo Mondadori S.p.A., Milano

Belichtung
SatzArt / Klaus Böhm

Druck & Bindung
Artes Graficas Toledo, S.A.

ISBN 3-932529-40-5

Inhalt

Einführung

Der Stammvater Abraham forderte alle Menschen auf, dem einen absoluten Gott zu dienen. Auf ihn gehen alle drei großen Offenbarungsreligionen zurück: das Judentum, das Christentum und der Islam.

Das Judentum schrieb mehr als zehn Jahrhunderte unter Mitarbeit einer beträchtlichen Anzahl von Propheten, Rabbinern und Predigern an seiner Heiligen Schrift, der Bibel. Die heiligen Schriften des Christentums (die vier dogmatischen Evangelien und die Briefe der Apostel) wurden in hundert Jahren vor allem von den Evangelisten sowie von den Aposteln Petrus und Paulus verfasst.

Der Koran wurde innerhalb von rund dreiundzwanzig Jahren auf einen einzigen Menschen, den Propheten Mohammed „herabgesandt". Als er mit der Verkündung des Korans begann, stieß er unter abweisenden Menschen in einem feindseligen Land zunächst nur auf Widerstand. Doch tief bewegt von der göttlichen Gnade folgte er der Eingebung Gottes und verwahrte das heilige Wort, das diese Religion ins Leben rief und bis in alle Ewigkeit begründen wird. Der Islam ist heute weltweit die größte Religionsgemeinschaft- ein Umstand mit dem sich die westliche Welt zwangsläufig auseinandersetzen muß.

Der Islam bescherte dem Abendland in den ersten tausend Jahren seiner Existenz größte Errungenschaften auf dem Gebiet der Medizin, Mathematik, Astronomie, Physik, der Chemie und des Ackerbaus. Europa verdankt dem Islam unter anderem das Papier, die arabischen Zahlen, mehrfarbige Keramik, Bewässerungssysteme und die Einrichtung von Universitäten.

Dies mag genügen, um die historische Bedeutung des Propheten Mohammed zu veranschaulichen, der nicht nur als religiöser, sondern auch als sozial-ökonomischer und politischer Organisator in dieser Monographie umfassend, objektiv und ganzheitlich vorgestellt werden soll.

ضنكان
السرين
مكه
اسفل تهامه
الطائف
قعيقعان
الحجاز
بطن مر
زحوان
عسفان
قديد
الجحفه
السقيا
طرف العرج
الجار

Arabien vor Mohammed

Es war die Zeit des frühen Heidentums und der Unkenntnis.
(Koran, Sure 33,33)
Ihre Götter ließen es im schönsten Licht erscheinen, dass sie ihre Kinder töteten, und wollten sie damit ins Verderben stürzen und ihnen die Religion verdunkeln; (Sure 6,137)
und sie begingen abscheuliche Handlungen (Sure 6,151)
und begruben ihre Töchter bei lebendigem Leibe. (Sure 81,8)

Arabia felix, Angelpunkt dreier Kontinente

Die Arabische Halbinsel ist die größte Halbinsel der Welt: ein Viereck von 2.200 auf 1.200 Kilometer, das im Osten an den Persischen Golf, im Süden an das Arabische Meer und den Golf von Aden, im Westen an das Rote Meer und im Norden an eine imaginäre Linie von der Tigrismündung bis zum Golf von Akaba grenzt. Ihre Bewohner nennen sie Djazira al-Arab, die „Insel der Araber" – eine Bezeichnung, die auf den ersten Blick seltsam erscheinen mag, da die Halbinsel doch fest mit Asien verbunden ist. Aber genau wie jede Insel ihre Einwohner vom Festland trennt, Kontakte erschwert, psychische Verschlossenheit und starren Traditionalismus bei den Bewohnern fördert, galt und gilt dies noch heute für Arabien.

Die bedeutendsten sesshaften Kulturen sind an großen Flüssen in der Ebene entstanden – auf der Arabischen Halbinsel aber gibt es solche Flüsse nicht. Überall auf der Welt gibt es Zentralmassive, die übermäßige Temperaturschwankungen mildern – hier aber nicht. In vielen Ländern (man denke nur an Griechenland, Italien, Portugal) hat die Nähe zum Meer den kulturellen Austausch und gewagte Expeditionen über die nationalen Grenzen hinaus gefördert – die Küsten Arabiens hingegen haben weder viele Häfen und Inseln aufzuweisen, noch sind die Araber Seeleute. Daraus folgt, dass die Abspaltung Arabiens vom Rest der Welt vor allem kulturell bedingt ist: Auf der einen Seite haben wir den „Fruchtbaren Halbmond", die Wiege verschiedenster Kulturen, offen für Veränderungen, an fremden Kulturen interessiert und in der Lage, sie zu verstehen, und auf der anderen Seite die eigentliche Halbinsel, bewohnt von einer relativ homogenen Bevölkerung ohne Anpassungsvermögen, unempfänglich für Kulturen oder Veränderung.

Es war die Beschaffenheit der Arabischen Halbinsel, die diese Situation und deren Geschichte bestimmt hat. Von oben betrachtet, fällt die große Vielfalt dieser weiten Wüste ins Auge, die im Inneren von wenigen Oasen und an den Küsten durch wenige bewohnbare Gebiete durchbrochen wird. Im äußersten Süden zunächst hohe Gipfel, massive Gebirgsfalten, als hätte sich die Erde an der Bruchstelle zu Afrika zusammengezogen, dann folgen Hügellandschaften und Ebenen aufeinander, die von geometrisch anmutenden Felsblöcken und Hochebenen durchsetzt sind, und schließlich gibt es kleine Anhöhen, von breiten Sandläufen gestreift wie auf einem abstrakten Bild, und parallel dazu niedrige, unfruchtbare Berge mit zerklüfteten Felsformationen. Diese verschiedenen Steinlandschaften verlaufen ringförmig um ein zentrales Gebiet, das zur Hälfte von einer weiten Sandwüste bedeckt ist, der Rub al-Chali, an das sich im Norden die trockenen Hochebenen Nedjd, Nefud und Dahana anschließen.

Nachteilig auf die Vegetation wirkt sich außer der Trockenheit der Landschaft auch der hohe Salzgehalt des Bodens aus. Unter diesen Bedingungen wachsen wenige Pflanzen: niedrige Dornenbüsche, die eine oder andere Akazie, vor allem aber Dattelpalmen, deren Früchte oftmals das einzige Nahrungsmittel für Mensch und Dromedar sind. Von dieser kostbaren Pflanze sind nicht weniger als hundert Sorten bekannt. Geht man vom Zentrum der Wüste, das manchmal so trocken ist, dass in der Luft praktisch kein Sauerstoff vorhanden ist, nach außen, steigt das Wasservorkommen kontinuierlich. Dort, wo dieser unermessliche feuchte Schatz vorhanden ist, blüht das Leben, und die von Wildbächen durchfurchten Täler sind mit frischer Vegetation gesegnet. Zuweilen ergießen sich urplötzlich heftige Regengüsse, auch nach zwei oder drei Jahren Trockenheit.

Nur im Jemen und auf der Hochebene von Asir sind die wiederkehrenden Regenfälle für einen methodischen Anbau ausreichend. Dort finden wir eine ständige, reichhaltige und stark aromatische Vegetation. Sanaa, die Hauptstadt des Jemen, liegt 2.133 Meter über dem Meeresspiegel und ist die größte Stadt Arabiens, mit dem gesündesten Klima. Auch die Regionen Hadramaut und Oman im äußersten Süden sind grün und regenreich – daher „Grüner Halbmond" genannt – und für eine menschliche Ansiedlung am geeignetsten. Hier

wächst der Weihrauchbaum und auf der Hochebene von Asir der Gummiarabikum. Der Kaffee, für den die Region rund um das Rote Meer berühmt ist, wurde im 14. Jahrhundert von Abessinien nach Südarabien gebracht (folgt man den Aussagen von Pietro della Valle, wurde Kaffee in Europa erst 1650 bekannt, andere Quellen sprechen von 1589). Vom Süden aus verbreiteten sich Tamarisken, Granatapfel-, Apfel-, Aprikosen-, Mandel-, Orangen- und Zitronenbäume sowie Bananenstauden, Kokospalmen und Zuckerrohrpflanzen auch auf anderen Gebieten der Halbinsel.

Was die Fauna betrifft, sind Panther, Leoparden, Hyänen, Wölfe, Füchse und Eidechsen die am häufigsten vorkommenden Tierarten, gefolgt von Pferden, Eseln, Hunden (geschätzt werden vor allem Windhunde), Katzen, Schafen und Ziegen. Früher gab es hier noch Löwen; im

Linke Seite, oben: Beduinenpaar auf einem Kamel; Keramik, 8. Jh. Unten: Wilde Kamele in Jebel Yatib (Saudi-Arabien).

Oben: Ein Beduinenzelt in Darb Zubaida. Links: Arabisches Kamel; Relief von der Apadana des Darius in Persepolis (Iran).

Jemen und in Saudi-Arabien leben noch einige Affen. Und so wie die Dattelpalme die Königin der Pflanzen ist, ist der König der Tiere das Dromedar, das bereits im 1. Jahrtausend v. Chr. domestizierte Lasttier, Begleiter des Menschen und dessen unverzichtbare Stütze in einer so überlebensfeindlichen Umgebung. Ohne das Dromedar hätten die vorislamischen südarabischen Zivilisationen nicht bestehen können.

So hat die Arabische Halbinsel an der Schnittstelle dreier Kontinente ein wenig von Europa, Afrika und Asien. Da sie ein breites Auffangbecken für viele Völker war, dachte man früher, dass hier die Wiege der Semiten zu finden sei und dass sie von hier ausgezogen wären, um in den nahegelegenen Ländern die Völker der Akkaden, Chaldäer, Aramäer, Kanaanäer (Phönizier und Juden) und der heutigen Araber zu gründen; Völker, die tatsächlich, sei es aufgrund ihrer Nähe, ihrer kulturellen Ähnlichkeiten oder historisch-politischer Gegebenheiten, verwandte Sprachen hatten, die auf einen gemeinsamen Ursprung zurückzuführen waren. Der Begriff „Semit“ wurde aus der Bibel abgeleitet (1. Mose 9,18: „Die Söhne Noahs, die aus der Arche gingen, sind diese: Sem, Ham und Jafet“), aber in Wirklichkeit gibt es weder eine „semitische“ Rasse, noch bilden die oben genannten Völker eine ethnische Einheit.

Oben: Landkarte von Ibn Khurradhbih (um 848).
Unten: Die Begräbnisstätte von Wadi Dab (Jemen).

Rechte Seite, oben: Ein Haus in Sanaa (Jemen).
Unten: Tamith, eine vorislamische Gottheit in Südarabien.

Gebäude hoch wie Wolkenkratzer

Die besondere geographische Lage der Arabischen Halbinsel, die Beschaffenheit der Landschaft, die Verhältnisse der sesshaften und nomadischen Völker, aber vor allem die Schätze der südarabischen Gebiete, wie Weihrauch und andere aromatische Gewächse, waren der Ursprung für eine der größten Handelsstraßen der Alten Welt: die „Weihrauchstraße". Ähnlich der „Seidenstrasse", auf der Waren aus dem Fernen Orient von China zu den Märkten des Mittelmeers gebracht wurden, wurden auf dieser Straße Luxusartikel, Gewürze, edle indische Stoffe und Weihrauch, der für die heiligen Riten und die Balsamierung unverzichtbar war, auf dem Rücken von Kamelen durch Wüsten hindurch von Oase zu Oase nach Ägypten und Mesopotamien und von dort nach Griechenland, Rom und Byzanz transportiert.

Zur „Weihrauchstraße" gelangten von der Südküste (über die Häfen von Salala, Saihun, Bhir, Makalla und Aden) die aus Indien importierten Erzeugnisse (die jedoch in der griechischen Welt als ursprünglich aus Südarabien kommend galten), und auf dieser wurden sie in die Zentren Schabwa, Zafar, Marib und Main gebracht, die Hauptstädte der kleineren südarabischen Reiche, wohin auch die hochgeschätzten lokalen Erzeugnisse wie der Weihrauch transportiert wurden. Sie verlief dann parallel zur Küste weiter nach Norden, über Mekka, aber nicht an der heißen Küste des Roten Meers, sondern an den Bergketten auf der Hochebene entlang über Petra und endete am Mittelmeerhafen von Gaza.

Die wichtigsten vorislamischen südarabischen Reiche und die Völker, die diesen den Namen gaben, waren vier an der Zahl: Saba, Main, Kataban und Hadramaut.

Das Königreich von Saba ist vielleicht das Wichtigste und jedenfalls das Bekannteste, sowohl wegen des Besuchs der Königin von Saba bei Salomo (hiervon berichten die Bibel und der Koran), als auch wegen des imponierenden Staudamms in der Hauptstadt Marib mit einer Länge von 620 Metern, einer Höhe von sechzehn und einer Breite von sechzig Metern am Staudammfuß. Die Minäer hinterließen Inschriften auf der griechischen Insel Delos und im ägyptischen Faiyum, ein Indiz dafür, dass ihre Handelsplätze weit verstreut waren. Die Hauptstadt von Kataban war Timna, seinerzeit wichtig als Karawanenzentrum. Das kommerzielle und religiöse Zentrum von Hadramaut war Schabwa, damals derart prächtig, dass sogar Erastosthenes und Plinius davon berichteten.

Die Hauptstädte dieser südarabischen Königreiche waren auch für ihre großen Paläste berühmt. Einer davon sei stellvertretend für alle genannt: der Palastbau von

Wer sind die Araber?

Von wem stammen die Menschen der Arabischen Halbinsel, die eigentlichen Araber, ab? Noch heute ist dies fast ein Mysterium, und von den vielen Theorien, die es dazu gibt, überzeugt keine gänzlich, vor allem, weil keine systematischen paläontologischen Studien dazu vorliegen. Ursprünglich waren sie Nomadenvölker, und es ist bekannt, dass Nomadenvölker durchaus viele Tausende von Kilometern wandern. Die Hunnen beispielsweise gelangten nach Europa, nachdem sie China angegriffen hatten.

Die älteste arabische Gemeinschaft waren mit großer Wahrscheinlichkeit die Bergvölker im Jemen. Hier haben sich mit Sicherheit mediterrane Völker (Beduinen aus dem Norden) und andere, auch vedische Völker (Stamm der Mahra u. a.) miteinander gemischt. Die Araber selbst erkennen zwei Ursprünge als rechtmäßig an: die „echten Araber" aus dem Süden, die Nachkommen von Adnan (dem Urenkel von Ismael), und die „arabisierten Araber" aus dem Norden, die Nachkommen von Khatan. Anderen Überlieferungen zufolge sind die einzig wahren Araber die „untergegangenen" oder „verschwundenen" Araber, von denen auch der Koran spricht. Die ersten historischen Hinweise sprechen jedenfalls von aramäischen Beduinen, die im Jahr 880 v. Chr. bei Auseinandersetzungen der Beit Zamani am oberen Euphrat intervenierten. 854 v. Chr. kam der Araber Gindibu aus Arabien nach Qarqar, um Bir Idri von Damaskus (dem biblischen Benhadad II.) mit tausend Kamelen gegen Salmanassar III. zu Hilfe zu kommen. Gut hundert Jahre später werden die Informationen über die Araber in Mesopotamien unter

Tiglatpileser III. (745–726 v. Chr.) und Sargon II. (722–705 v. Chr.) zahlreicher. Da ist von Königinnen die Rede, die Großpriesterinnen waren, von Königreichen in den Randgebieten, die sich den Tributzahlungen entzogen, von Königreichen im Zentrum, die über Oasengruppen regierten und bereits mit Weihrauch und Kamelen handelten.

Hierbei ist zu präzisieren, dass es zwar seit den Hochepochen immer wieder zu Expansionswellen kam, bei denen sich die Araber in den angrenzenden Ländern ausbreiteten, und dass es ihnen mit dem Islam sogar gelang, bis nach Zentralasien vorzudringen, doch handelte es sich dabei immer um kleine Gruppen, die dann entweder wieder vertrieben wurden oder in der lokalen Bevölkerung aufgingen. „Araber" sind daher genau genommen nur die „Bewohner der Arabischen Halbinsel", während die Bevölkerungen Nordafrikas und des „Fruchtbaren Halbmondes" (vom Sinai bis in den Irak) „arabischsprachige" und keine „arabischen" Völker sind, auch wenn von Anbeginn der Forschung in Europa alle Muslime rund um das Mittelmeer allgemein als „Araber" bezeichnet wurden (dies vor allem angesichts der vermeintlichen Homogenität, die der Koran in der islamischen Epoche vorgab, weshalb alle Menschen aus diesen Ländern Dialekte sprachen, die sich aus der arabischen Sprache ableiteten). Dieser Irrtum ist so tief verwurzelt, dass auch arabischsprachige Menschen sich heute als Araber definieren, aus Bequemlichkeit oder des einfacheren Verständnisses halber. Man weiß jedoch, dass beispielsweise die Palästinenser ein illyrisches Volk waren: Sie waren in Albanien auf Schiffe gestiegen, bis zur ägyptischen Küste gesegelt, und da sie Ägypten nicht besiegen konnten, begaben sie sich in das „Land dazwischen", eine Art Niemandsland. Dass es sich um Menschen „vom Meer" (dem pelago) handelte, sagt bereits der Name: Pelasgi, Filistin, Philister oder Palästinenser.

Die Marokkaner hingegen entstammten einer Verbindung der Vandalen (daher die Bezeichnung Vandalusien, später Andalusien) mit den Mauren vom Großen Atlas.

Linke Seite, oben: Der Tempel von Marib in Sanaa (Jemen).
Oben: Ahnenkopf; vorislamische Kunst aus Südarabien.
Links: Vorislamische Inschrift aus Südarabien.

Ghumdan in Azal (heute Sanaa im Jemen). Er wurde um 25 v. Chr. erbaut, und den damaligen Geschichtsschreibern zufolge hatte er zwanzig Stockwerke, die jeweils zehn Ellen maßen (Gesamthöhe 120 Meter). Die untersten Stockwerke waren aus Stein, die obersten aus poliertem Marmor, gekrönt von vier Löwen und einer Terrasse mit einem Dach aus transparentem Alabaster. Der Palast wurde von den Abessiniern im Jahr 525 beschädigt, von den Persern 570 wieder aufgebaut und schließlich durch den muslimischen Eroberer Farwa Ibn Musayk zerstört.

Nach Aussagen des griechischen Historikers Strabo (64 v. Chr. – 24 n. Chr.) legten die südarabischen Karawanen die Strecke Marib–Akaba in siebzig Tagen zurück. In dem Maße, wie die Mittelmeervölker reicher und vornehmer wurden, stieg die Nachfrage nach Erzeugnissen aus Südarabien derart an, dass die jemenitischen Kaufleute mit zu den reichsten der Welt gehörten.

Diese immensen Reichtümer, die aufgrund von Gewinnspannen von bisweilen 100:1 angehäuft werden konnten (manche Karawanen zogen mit Waren im heutigen Wert von einer Million Mark aus und brachten einen Erlös von 120 Millionen zurück), weckten allseits Begehrlichkeiten, waren aber durch die Wüste und bis zum Verfall der südarabischen Handelsreiche durch deren eigene Macht gut geschützt. Die Aufmerksamkeit der klassischen Welt richtete sich demzufolge auf die Suche nach einer anderen Handelsstraße. Ptolemaios II. Philadelphos (285–246 v. Chr.) eröffnete den Kanal zwischen Nil und Rotem Meer wieder, den Sesostris siebzehn Jahrhunderte zuvor hatte graben lassen. Im 2. Jahrhundert v. Chr. erforschte Eudoxos von Knidos die Umsegelung des Roten Meers, und Hippalus, ein Seefahrer, von dem man nicht genau weiß, ob er Grieche oder Römer war, legte die Route über den Indischen Ozean fest, wodurch die Römer nach Indien gelangen und dort eigene Handelsplätze eröffnen. 60 v. Chr. kam Petra unter die Oberherrschaft Roms und unterstützte 24 v. Chr. den römischen Feldherrn Gaius Aelius Gallus bei einer Expedition zur Eroberung des Jemen, die in einer vernichtenden Niederlage endete. Ein entscheidender Schlag wurde den arabischen Kaufleuten 105 n. Chr. von Trajan

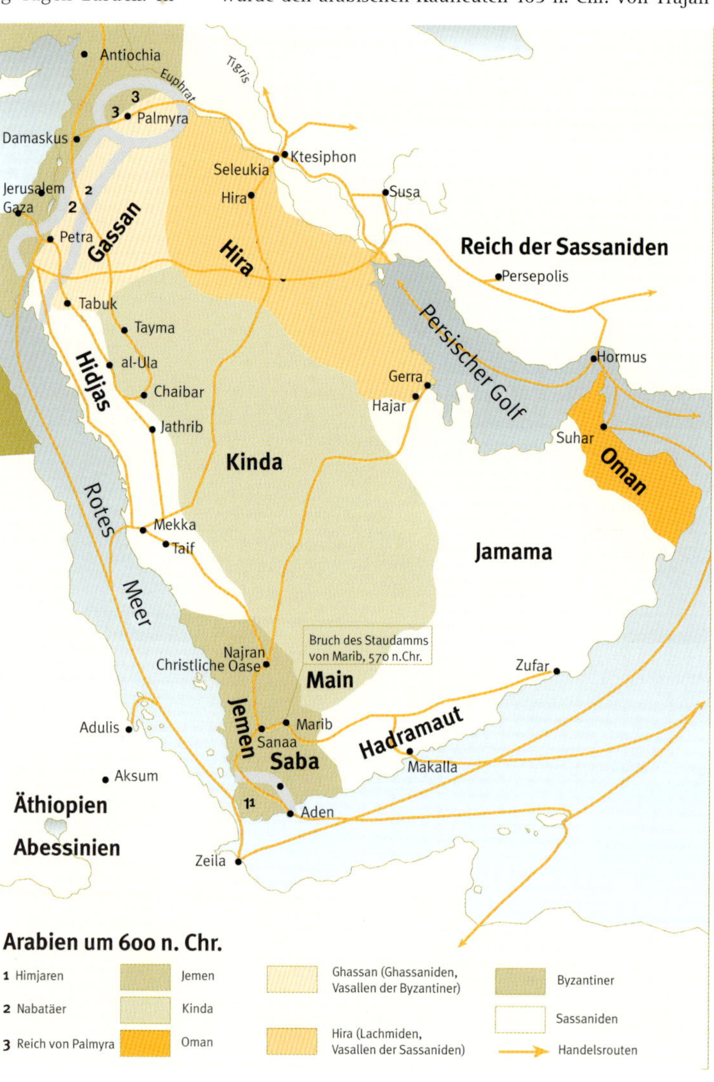

Linke Seite: Das vorislamische Arabien um 600 n. Chr.

Oben: Wasserkomplex, Königreich von Saba (Jemen).
Unten: Kamel und Kameltreiber in Jebel Saidi.

beigebracht, als Petra annektiert wurde. Dies bedeutete für die Südaraber die Schließung ihres Brückenkopfes im Norden, sodass sie dann begannen, Persien zu unterstützen, ohne sich darüber bewusst zu sein, dass diese neuen Machthaber ihrerseits dazu tendierten, die Handelswege in den Persischen Golf und am Euphrat entlang bis nach Palmyra zu verlegen. Der Verfall der großen Imperien am Mittelmeer, der daraus folgende Wegfall größerer Importe, die schrittweise Entfernung Asiens, Afrikas und Europas auf politischer Ebene, die fortschreitende Trockenheit in Südarabien und die Öffnung weiterer Handelsstraßen trugen jedenfalls zum Verfall der südarabischen Königreiche bei. Noch heute gibt es Zeugnisse dafür, dass die Trockenheit immer weiter fortschritt, aber ebenso sicher ist, dass der Untergang der klassischen Welt auch Südarabien mitgezogen hat. Die „Weihrauchstraße" verschwand dabei allerdings nicht völlig und wurde noch zu Zeiten Mohammeds genutzt.

Zentralarabien, die Heimat Mohammeds

Wir befinden uns im 7. Jahrhundert nach Christus. Zentralarabien wird von einer großen Anzahl von Nomadenstämmen bevölkert, es gibt einige Karawanenstädte sowie große Oasen, Zentren des Handels und Handwerks; Siedlungen, die auf dem Stammeskonzept basieren, zur gemeinsamen Verteidigung dem Prinzip der Rache folgen (thar) und sich in ewiger Feindschaft mit allen anderen Stämmen befinden, von denen ein jeder sein Recht auf Raub und Vergewaltigung (razia, nahab, sariqa) ausüben kann. Während die jemenitischen Reiche Gold anhäufen, aber auch Kunstwerke aus dem Mittelmeerraum importieren, die als Zahlungsmittel fungieren und manchmal kopiert werden, und während die klassischen Geschichtsschreiber ausführlich über Südarabien berichten, kennt der Wüstenbeduine keine Stabilität, Kultur oder Geschichte. Er ist ein freier und stolzer Mann – durch Gesetze gebunden, die zwar nicht als Text vorliegen, die er aber dennoch strengstens befolgt. Jedes Zelt steht für eine Familie, jedes Zeltlager für eine Sippe, jede Ansammlung von verwandten Sippen für einen Stamm. Die feindliche Umgebung sorgt dafür, dass der Stamm durch Bande vereint ist, die stärker sind als nationale Bande. Der Gesetzlose, der den Stamm verlässt, stellt sich gegen alle und bringt sich in eine Situation, in der ihm vom Stamm, vertreten durch das älteste oder weiseste Mitglied, den „Scheich" (shaikh, der Älteste), nicht mehr geholfen wird. Deshalb gehorcht der

des Mangels zu schützen, befiehlt er den Frauen, überflüssige Münder zu entfernen, das heißt: die jüngsten Töchter lebendig zu begraben. Der Koran aber verurteilt dies: Wenn einem von ihnen die Geburt eines weiblichen Wesens angesagt wird, macht er dauernd ein finsteres Gesicht und grollt (dem Schicksal). Dabei hält er sich vor den Leuten verborgen, weil ihm etwas (so) Schlimmes angesagt worden ist, (und überlegt) ob er es trotz der Schande behalten oder ob er es im Boden verscharren soll. (Sure 16,58–59) Und tötet nicht eure Kinder aus Furcht vor Verarmung! Wir bescheren ihnen und euch (den Lebensunterhalt). Sie zu töten ist eine schwere Verfehlung. (Sure 17,31) [...] Und ihr sollt nicht eure Kinder wegen Verarmung töten –

Beduine nur sich selbst. Vermutlich ist in dieser Individualität der Grund zu suchen für ein Leben voller Entbehrungen und Mühen, wie es die Wüste auferlegt.

Für die Nomaden und Sesshaften aus Zentralarabien verbindet der Stammesgeist (asabiya) diejenigen, die erklären, von ein und demselben namensgebenden Oberhaupt abzustammen, oder die einem gewählten Stammesoberhaupt, dem sayyid, gehorchen. Jeder Stamm besteht aus einem Zusammenschluss von Familien, die jeweils von einem Familienoberhaupt angeführt werden, das über die volle Amtsgewalt verfügt. Wenn das Oberhaupt es für richtig hält, die Familie zu verkleinern oder sie in Zeiten

Oben: Ritueller Steinkreis aus vorislamischer Zeit (Jemen).
Unten: Die Ausgrabungsstätte Qurayya (Saudi-Arabien).

Rechte Seite, oben: Die Ausgrabungsstätte al-Khuraina (Saudi-Arabien).
Unten: Felsenmalerei in Jebel Yatib (Saudi-Arabien).

wir bescheren ihnen und euch (den Lebensunterhalt). (Sure 6,151)

Polygamie, Ehen auf Zeit, der zeitweise Austausch von Ehefrauen (aber auch, wenngleich seltener, Vielmännerei) waren üblich. Es war leicht, Ehefrauen zu verstoßen, da der Mann der verstoßenen Frau keine Abfindung zahlen musste. Aber auch die Frau konnte sich scheiden lassen: Hierfür genügte es, sich dem Mann in der Öffentlichkeit nackt zu zeigen oder das eigene Zelt, sofern sie eines besaß, in seiner Abwesenheit anders auszurichten. Frauen konnten aber nicht erben, sie wurden im Gegenteil an den Erstgeborenen des Familienoberhaupts vererbt, wie das Vermögen. Nicht alle Stämme hatten jedoch die gleichen Bräuche: In einigen Städten waren Frauen auch Dichterinnen, Händlerinnen oder praktizierende Medizinerinnen.

Die Sippe war solidarisch: Sie schützte den Einzelnen und stand auch für dessen Handlungen gerade. Die überlieferten Sitten, Bräuche, Traditionen und Gewohnheiten waren dabei so tief verwurzelt, dass eine Entwicklung der Gesellschaft und des Einzelnen nicht stattfinden konnte.

Wenn wir auch versucht sein könnten, die verschiedenen Stämme des alten Arabiens als Räuberbanden zu betrachten, schon allein aufgrund der Tatsache, dass die Verteidigung von Besitztümern und der Ehre eines Einzelnen zur Stammesfehde und Blutrache führen konnte und Raubzüge allgemein erlaubt waren, so hatten sie doch andererseits einen starken Sinn für Gastfreundschaft und für die Hilfe am Nächsten: Man nahm an seinem Leben teil, und das auch in schlechten Zeiten. Darüber hinaus waren Redegewandtheit, Großzügigkeit, Mut und Männlichkeit hoch angesehen. Schließlich ist noch zu bedenken, dass auf der Arabischen Halbinsel die Sklaverei, wie überall, gang und gäbe war. Der größte Teil der Sklaven stammte aus Schwarzafrika, und wenn sie befreit waren, vermischten sie sich vorbehaltlos mit den anderen Stammesmitgliedern. So lebten Schwarze in den Dörfern im al-Afladj, im Herzen Arabiens, und es gab keinen Ort in Arabien, wo jemand wegen seiner Hautfarbe diskriminiert wurde, was sich später auch als ein Privileg der islamischen Religion erweisen sollte.

Arabiens große Städte im 7. Jahrhundert

Das Leben in den Städten entlang der Karawanenstraßen und in den anderen Siedlungszentren der großen kosmopolitischen, bunt gemischten Oasen sah freilich etwas anders aus. Der Handel hatte Kaufleute und Vertreter aus anderen Ländern angezogen, insbesondere Juden. Im Hidjas war die reiche Oase von Chaibar vollständig in der Hand der Israeliten, zahlreiche jüdische Familien lebten in dieser Gegend verstreut. In Jathrib (dem späteren Medina) lebten jüdische Sippen abgeschottet in bewehrten Vierteln, hatten das Monopol über die verschiedenen Handwerksgewerbe inne, verliehen Geld zu Wucherzinsen, organisierten den Handel – bis in den Jemen, wo sie den gesamten Schmuckhandel kontrollierten. Hier war die jüdische Religion vor allem zu Beginn des 6. Jahrhunderts dominant.

Die wichtigste und vielleicht größte Stadt war Mekka (al-Makka, von Ptolemäus Makoraba genannt). Sie befand sich vollständig in der Hand der Koraisch. Im 5. Jahrhundert hatte Qusayy Ibn Kilab die Koraisch bei der Eroberung der Stadt angeführt, die sich seinerzeit in der Hand der Khuza'a befand. Die Koraisch hatten sich dort

sowohl handelstechnisch (sie befanden sich am Mittelpunkt der „Weihrauchstraße") als auch religiös organisiert. Man kann sagen, dass es für jede Gottheit aus der Umgebung in Mekka ein Bildnis gab, aber das von allen Religionen angenommene „Bildnis" war die Kaaba, ein kleiner quadratischer Bau, der in einer Senke im Stadtzentrum stand. Der Überlieferung nach wurde sie von Abraham, dem Stammvater der Araber, mit Hilfe seines Sohnes Ismael errichtet. In der südöstlichen Ecke war der „Schwarze Stein" untergebracht: ein sehr dunkler poröser Stein, der heute von den beständigen Küssen der Gläubigen ausgehöhlt ist. Rings um die Kaaba herum befanden sich die verschiedenen Viertel, in denen die Koraisch lebten, an diese wiederum schlossen sich die Außenbezirke an, die von jüdischen, christlichen und beduinischen Kaufleuten bewohnt waren.

Jedes Jahr unternahmen die zentralarabischen Stämme eine Wallfahrt nach Mekka. Es gab eine kleine Wallfahrt im siebten Monat und eine große Wallfahrt im elften, zwölften und ersten Monat des Mondjahres. Während dieser vier Monate herrschte „heilige Waffenruhe", und die Tiere, die als Opfergaben nach Mekka geschickt wurden, waren mit Girlanden geschmückt, damit sie unterwegs nicht geraubt wurden. Als Wächter der Pilgerstätte genossen die Koraisch eine gewisse Immunität, und auch ihre Karawanen wurden als heilig betrachtet und von den Beduinen nicht überfallen.

Um aus dem Pilgerstrom den bestmöglichen Nutzen zu ziehen, hatten die Koraisch neben der Handelsmacht auch Aufgaben religiösen Charakters untereinander verteilt. Der Stamm der Haschimiten (aus dem auch Mohammed entstammte) hatte das Privileg, Wasser aus dem Zemzem-Brunnen – der Quelle, die neben der Kaaba sprudelte – an die Pilger zu verteilen; die Omaijaden

Linke Seite, oben: Reste des Großen Hauses in der Oase Chaibar (Saudi-Arabien).
Unten: Ein lihjanisches Höhlengrab im Jemen.

Rechts: Rück- und Vorderansicht einer religiösen paläoislamisch-saudischen Tafel.

Links: Blick vom Berg Hira über Mekka.
Oben und unten: Sassanidische Münzen.

Rechte Seite, oben: Adam und Eva; türkische Miniatur aus dem 17. Jh.; Bibliothek des Topkapy Sarayi Müzesi, Istanbul.
Unten: Ankunft der Weisen; Fresko aus dem 5. Jh. in der Agaç Alti Kilise (Türkei).

(ein Stamm, der später die beiden Kalifen Othman und Moawija, die Gründer der Omaijaden-Dynastie, hervorbrachte) waren die Standartenträger; die Nawfal sammelten die Kollekte ein und verteilten Essen an die Pilger (ridda); unter den Asad wurde der Bürgermeister gewählt; die Makhzum (der spätere große muslimische Feldherr Chalid Ibn al-Walid war einer von ihnen) hatten die Waffen unter Verschluss und befehligten die Kavallerie. Die Taym Khattab lösten Fragen der Ehre, den Adi (aus denen später der Kalif Omar hervorging) oblag die Verhandlungsdiplomatie; die Djumahiten kümmerten sich um die Orakel; die Sahm legten schiedsrichterlich Streitigkeiten bei. Die Makhzum und die Omaijaden waren die zwei reichsten Stämme, eine Art Hochbürgertum, das geizig und arrogant seinen Wucher trieb. Sie besaßen wunderschöne Ferienresidenzen in der Oase Taif, die für ihre Gärten und sommerliche Kühle berühmt war.

All diese Privilegien und die vielen Warenlager an den wichtigsten Standorten der Halbinsel waren äußerst gewinnträchtig. Aufgrund dieser Tatsache wird schnell verständlich, dass die Koraisch einem absoluten Monotheismus und den von Mohammed gepredigten Lebensregeln äußerst feindselig gegenübertraten.

Die religiöse und politische Situation

Im Allgemeinen glaubten die heidnischen Araber nicht an ein Leben nach dem Tod. So beteten sie zu ihren Göttern, brachten Opfer und unternahmen die Pilgerfahrt nach Mekka nur im Hinblick auf ihr irdisches Wohlergehen und ohne auf ein Jenseits zu hoffen. Der Kult hatte daher einen eher magischen Zweck, und Zauberer, Hexen, Wahrsager und vor allem Dichter hatten eine große Bedeutung. Der Dichter (sha'ir) wurde als Segen für den Stamm betrachtet: Er wetterte vor Schlachten gegen den Feind, er war der Seher, Verwünscher, der Rächer der Worte, der Erzähler der Stammestaten, Der Geschichtsschreiber, der Lobpreiser. Es gab jährliche Zusammenkünfte von Dichtern in wichtigen Zentren wie Sanaa, der Hauptstadt von Jemen, und Ukadh, Sihar, Maina, Dumat al-Jandal. Die Gedichte, die als die besten aus diesen Wettbewerben hervorgingen, wurden in Goldlettern auf Stoffe übertragen und an den Mauern der Kaaba aufgehängt (mu'allaqat: die „Aufgehängten").

Im Jemen hielt sich der griechisch-römische mythologische Glaube, der von der Dreifaltigkeit Mond (positive männliche Gottheit), Sonne (negative weibliche Gottheit) und Venus (Tochter der beiden) dominiert wurde. Jeder Stamm hatte noch eine eigene Gottheit, die Tochter des obersten Gottes und eben weiblich war, ganz nach dem arabischen Usus, jede gefährliche oder peinliche Sache mit einem weiblichen Begriff zu versehen, um deren Macht zu verringern. Einige dieser Gottheiten waren etwas bizarr: Die Hudhayliten hatten Suwa als Symbol für die frühzeitige Ejakulation, die Madhh-hij verehrten Yaghuth („er bringt Hilfe"), die Banu Kalbla beteten zu Wadd („Lieblichkeit"), dargestellt durch einen bewaffneten Mann, der Stamm der Kula' hatte Nasr zum Gott (einen

Geier), die Hamdan verehrten Ya'qu („er verbietet“). Einige dieser Gottheiten werden im Koran zitiert (Sure 71,23). Das arabische Heidentum war dennoch im Begriff, sich aufzulösen – auch wenn der Niedergang nur langsam vonstatten ging –, und unter allen heidnischen Göttern zeichnete sich ein oberster Gott ab, al-Llah, eine Art Adonai, ein „nicht Benennbarer“.

Auch der Handel hatte einen Einfluss auf die Religion: Auf der einen Seite war in Mekka – wie im Jemen – eine Folge des Handels, dass Kaufleute aus jedem Winkel der Alten Welt durch die Stadt kamen und Handelsvertreter aus allen Teilen Europas und Asiens, die Statuen und Symbole ihrer Götter aufstellten, dort auch länger blieben. Entsprechend viele Gottheiten gab es, und während des Aufenthalts der Karawanen oder in Erwartung ihrer Ankunft wurden Ideen ausgetauscht, und es wurde lange und lebhaft diskutiert. Stark präsent waren vor allem die jüdischen Händler, die eine streng geregelte Religion, polemische und analytische Fähigkeiten und vor allem verschiedene „heilige Bücher“ aufweisen konnten. So verbreiteten sich die jüdische Religion und die verschiedenen christlichen Sekten (byzantini-

Oben: Säule mit vorislamischen Gottheiten; Nemrut Dagy (Türkei).
Unten: Der nabatäische Dheir mit dem vorislamischen heiligen Platz; Petra (Jordanien).

Rechte Seite, oben: Landkarte mit Mekka (oben) und Medina (unten).
Rechts: Vorislamische Stele mit einer Darstellung der Gottheit al-Ula oder Taima (Saudi-Arabien).

sche Orthodoxe, syrische und ghassanidische Monophysiten, Nestorianer, Katholiken, Arianer, nicht zu vergessen die abessinischen, aber auch die ägyptischen Kopten und schließlich die Gnostiker). Auf heidnischer Seite gab es den irakischen und sassanidischen Gnostizismus sowie die verschiedenen namensgebenden Stammesgottheiten.

In Abgrenzung zum Materialismus der mächtigen Kaufmannsfamilien aus Mekka, zum Pluralismus der heidnischen Gottheiten und zur Fluktuation der christlichen und jüdischen Sekten zogen es einige Menschen in Mekka vor – und waren damit die wahren Vorboten des sufistischen Mystizismus im Islam –, sich ihren Sinn für das Göttliche selbst zu suchen, auf einer rein monotheistischen Ebene, die keine Formalien und Rituale kennt. Diese Menschen wurden hunafa' (im Singular: hanif) genannt und besonders verehrt, aber sie hatten keine Anhänger. Die extreme religiöse Fluktuation spiegelte sich auch in der politischen Lage wider. Zu Beginn des 7. Jahrhunderts reichte das heidnische Perserreich der Sassaniden bis nach Mesopotamien und protegierte den Staat der ebenfalls heidnischen Lachmiden von Hira, der als Puffer zwischen Mesopotamien und den arabischen Stämmen gelegen war. Die orthodoxen Byzantiner besetzten Jordanien und Syrien sowie einen Großteil Nordafrikas und unterstützten den Pufferstaat der Ghassaniden an der Grenze zwischen Syrien und Arabien. Die Abessinier christlich-koptischen Glaubens standen, wie auch die christlichen Araber, auf der Seite

der Byzantiner, während die Polytheisten sich an den Persern orientierten.

Sinnbildlich für diese Völker-, Religions- und Machtfluktuationen standen die Ereignisse in Najran – so hieß ein Gebiet und die dazugehörige Hauptstadt im nördlichen Jemen, wo sich verschiedene Karawanenstraßen kreuzten. Hier war eine bedeutende Kolonie jüdischer Händler entstanden und hatte sich derart über die örtliche Konkurrenz erhoben, dass einige der dortigen Himjaren-Stämme zum jüdischen Glauben, andere wiederum zum christlichen Glauben konvertierten, den ein junger Araber von adliger Herkunft, Abdullah Ibn Thamir, verbreitete. Als aber die monophysitischen Christen nach Najran kamen – sie waren aufgrund der religiösen Verfolgung durch den byzantinischen Kaiser Justinian aus Nordarabien geflohen –, verlor das jüdische Monopol derart an Boden, dass die Juden einen Krieg gegen die christlichen Handelsgesellschaften und alle Christen dieser Gegend anstifteten. Dieser Krieg gipfelte im Massaker von Ukhdud (später sollte die Stadt danach benannt werden), bei dem die Christen zu Hunderten erdrosselt oder lebendig verbrannt wurden.

Im orthodoxen Byzanz, im koptischen Äthiopien und, wenn auch in geringerem Umfang, im heidnischen Persien sorgte dieses Ereignis für großes Aufsehen. Der abessinische Negus Allà Asbiha (Ella Asbeha) strengte als Rückschlag einen Krieg gegen den jüdischen Himjaren-König Dhu Nuwas an, gewann und schickte ihn ins Exil (um 525). Er kehrte dann nach Abessinien zurück, hinterließ aber eine koptische Garnison in Dhafur. Dhu Nuwas organisierte seine Streitmacht neu, griff die Garnison in Dhafur an und zwang sämtliche Christen der Stadt zur Flucht in die Kirche, die er dann anzündete. Danach forderte er die Juden und Heiden seines Reiches dazu auf, alle Christen ausnahmslos niederzumetzeln. Er eroberte das Land nach und nach zurück und belagerte am Ende – mit der wertvollen Hilfe seines Feldherrn Dhu Yazan, der in den jemenitischen Legenden somit zum Volkshelden wurde – Najran, wohin sich alle verbliebenen Christen geflüchtet hatten. Er zerstörte die Kirchen, zerschlug die Kreuze, verbrannte die Evangelien und forderte die Christen dazu auf, zum jüdischen Glauben zu konvertieren (hier muss ausdrücklich betont werden, dass die Situation tatsächlich absurd war, da für die Juden nur Jude ist, wer eine jüdische Mutter hat – Glaubensübertritte werden nur sehr selten akzeptiert). Die von Bischof Abdullah Ibn Thamir geführten Christen lehnten ab. Sie wurden gezwungen, eine große Grube auszuheben, die

Linke Seite, oben: Zoroastrischer Tempel der Feueranbeter in Surakhany (Aserbaidschan).
Unten: Paläoislamische ghassanidische Keramik; Islamisches Institut für orientalische Archäologie (Amman).
Links: Anbetungsszene; mesopotamisches Relief. Das Standbild auf dem Altar war möglicherweise eine idealisierte Darstellung der Kaaba.
Unten: Platte mit Kreuz; historische Stätte von Najran (Südarabien).

mit Holz gefüllt wurde und der Scheiterhaufen werden sollte, auf den der jüdische König – so erzählen es die Chroniken der Zeit – mehr als 20.000 Christen werfen ließ, darunter auch den heiligen Arethas. Man schrieb das Jahr 523. Dhu Nuwas forderte dann Munzin, den König von Hira, und Chosroe, den König von Persien, dazu auf, in ihren Reichen dasselbe zu tun. Der Koran verurteilt dieses Massaker:

Beim Himmel mit seinen Türmen, beim Tag (des Gerichts), der (den Menschen) angedroht ist, und (bei) einem, der Zeugnis ablegt, und (bei) etwas, was bezeugt wird! Verflucht seien die Leute des Grabens, des (Höllen)feuers mit seinem Brennstoff, wenn sie am Rand des Feuergrabens sitzen und Zeugnis ablegen über das, was sie mit den Gläubigen angestellt haben! Dabei grollten sie ihnen nur (darum), dass sie an Gott glaubten, der mächtig und des Lobes würdig ist und die Herrschaft über Himmel und Erde hat. Gott ist über alles Zeuge. Diejenigen, die gläubige Männer und Frauen Prüfungen aussetzen und hierauf nicht umkehren, haben die Höllenstrafe zu erwarten, die Strafe des Höllenbrandes. (Sure 85,1–10)

Honoré de Balzac

„In der Person Mohammed haben sich der Zauber des alten Sabäerreichs und die orientalische Poesie der jüdischen Religion zu einem der größten Epen der Menschheitsgeschichte vereint: der Beherrschung der Araber."

Honoré de Balzac (1799–1850), Bambara

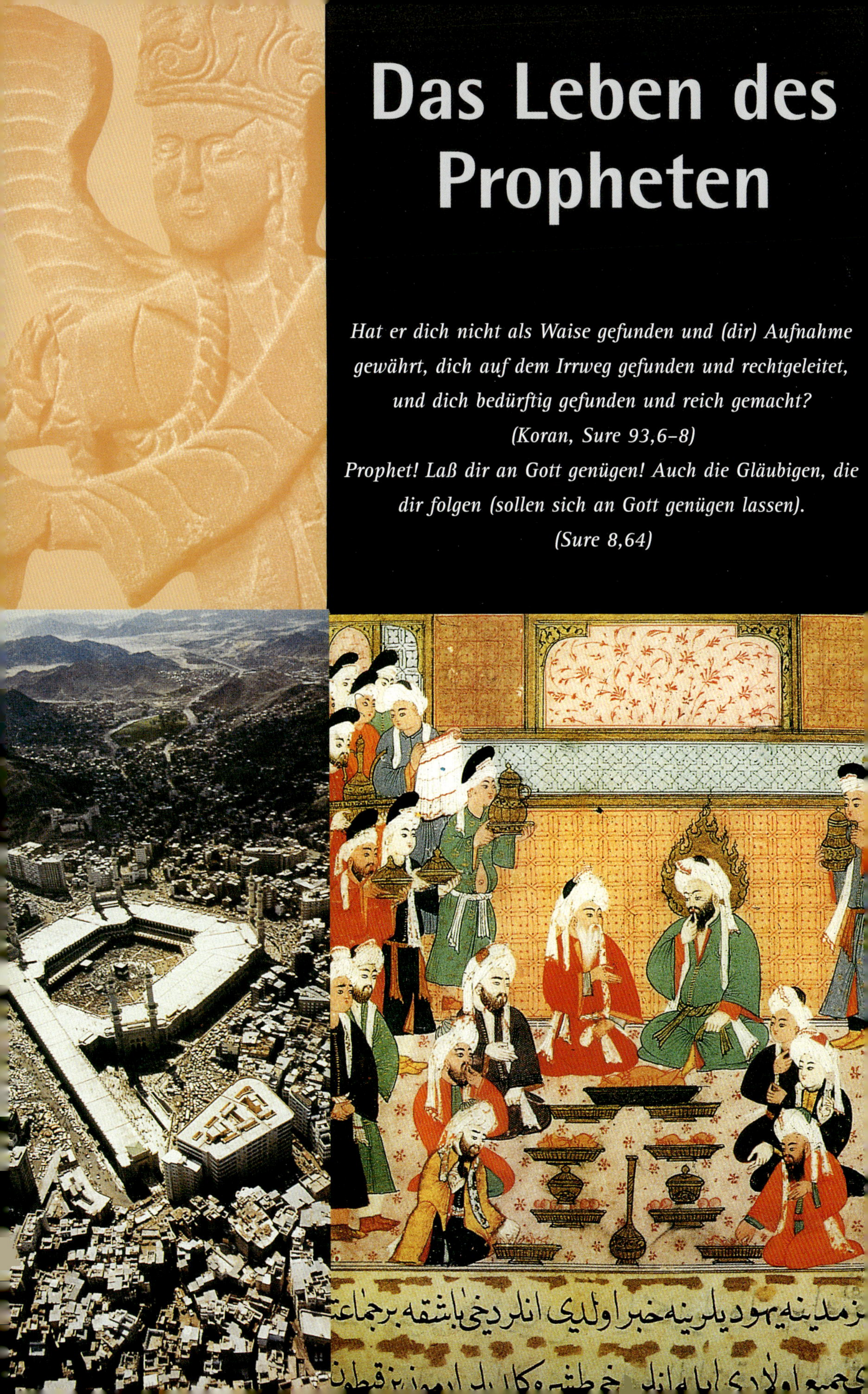

Das Leben des Propheten

Hat er dich nicht als Waise gefunden und (dir) Aufnahme gewährt, dich auf dem Irrweg gefunden und rechtgeleitet, und dich bedürftig gefunden und reich gemacht?
(Koran, Sure 93,6–8)

Prophet! Laß dir an Gott genügen! Auch die Gläubigen, die dir folgen (sollen sich an Gott genügen lassen).
(Sure 8,64)

Die Geburt Mohammeds

Nach dem Gemetzel von Najran bat der byzantinische Kaiser den abessinischen Negus einzugreifen und sandte ihm Unterstützung. Am 18. Mai 525, kurz nach dem Pfingstfest, landete ein äthiopisches Heer von etwa 60.000 bis 70.000 Mann unter dem Befehl der Generäle Aryat und Abraha al-Ashram im Jemen. Der Sieg über Dhu Nuwas, den die heidnischen Stämme im Stich gelassen hatten, war ein Leichtes. Sein Heeresführer Dhu Yazan wählte hingegen den Freitod und stürzte sich zu Pferd in das Rote Meer.
Gouverneur der Region wurde der Abessinier Abraha, der abermals mit der Plünderung und Hinrichtung von Juden und Heiden begann. Schließlich hinterging er seinen Negus und ernannte sich selbst zum König von Südarabien. Als nestorianischer Christ beschloss er auch die Eroberung Nordarabiens, sowohl um seine Herrschaft auszudehnen als auch um den Riten in Mekka, das als heidnische Kultstätte schlechthin galt, ein Ende zu bereiten. Zunächst verbot er seinen Untertanen, die jährliche Wallfahrt anzutreten. Daraufhin besudelte ein Beduine aus Verachtung die Kathedrale Qualis, die Abraha in der Hauptstadt seines Reiches, Sanaa, hatte errichten lassen.
Um diese Schändung zu rächen, stieg Abraha auf einen Elefanten, den er eigens aus Afrika hatte importieren lassen und zog mit seinem gesamten Heer gen Mekka. Die muslimischen Exegeten berichteten später, Mekka sei bereits in Sichtweite gewesen, als der Elefant niederkniete und sich nicht mehr von der Stelle rührte. Plötzlich sei eine Schar von Vögeln über das Heer geflogen, die kleine Steine mit dem Schnabel und den Füßen umklammerten und die Soldaten damit bewarfen. Diese seien davon tödlich getroffen geworden. Der Koran sagt: Hast du nicht gesehen, wie dein Herr (seinerzeit) mit den Leuten des Elefanten verfahren ist? Hat er nicht ihre List misslingen lassen und Scharen von Vögeln über sie gesandt, die sie mit Steinen von Ton bewarfen, und (hat er) sie (dadurch nicht saft- und kraftlos) werden lassen wie ein abgefressenes Getreidefeld? (Sure 105,1–5).

Oben: Szene aus dem Leben in einer Karawanserei; türkische Miniatur aus dem 18. Jh.
Unten: Ein Haus in Mekka.

Rechte Seite, unten: Ruine eines Hauses aus der Zeit von Mohammeds Vater Abd Allah in Medina.

Spengel („Geschichte der Medizin“) und Hammer-Purgstall („Gemäldesaal der Lebensbeschreibungen großer moslimischer Herrscher...“, I,24) mutmaßen, dass es sich um eine Pockenepidemie handelte, die jedenfalls, so viel sei zugestanden, zum richtigen Zeitpunkt kam. Man schrieb den 1. September 570, der gleiche Tag, den die muslimische Hagiographie als Geburtsdatum Muhammads (dt. Mohammed) festlegt. Allerdings gibt es weder stichhaltige Quellen, die dieses Geburtsdatum mit absoluter Sicherheit belegen, noch zuverlässige Berichte über seine ersten Lebensjahre. Bleibt zumindest der Umstand, dass „Muhammad“ ein Name aus vorislamischer Zeit ist. In seiner Jugend nannte man ihn aber auch „al-Amin“ (der Verlässliche), möglicherweise ein Beiname; später tauchte auch der Name Mustafa auf, den viele türkische Dichter bevorzugen sollten.

Es stellt sich hier das Problem verbindlicher Quellen. Die wichtigste Grundlage bildet sicherlich der Koran, zumindest für die Jahre der Predigten. Daneben gibt es zahlreiche Berichte in den „Aussprüchen“ oder „Traditionen“ (Hadith): Sammlungen der Verkündigungen, die dem Propheten, seinen Familienangehörigen und „Gefolgsleuten“ zugeschrieben werden. Maßgebend sind vier Textsammlungen. Als makelloseste (sahih) Hadith-Sammlung gilt die des Türken al-Buchari (†870). Andere biografische Texte, wie die „Sira“ oder „Maghazi“ von Mohammed Ibn Ishaq (†768), entstanden erst hundert oder zweihundert Jahre nach Mohammeds Tod. Darüber hinaus gibt es Texte mit „Traditionen“, die Zeitgenossen berichtet wurden, insbesondere „Ta'rih ar-Rusul wa al-Muluk“ des Persers at-Tabari (†922).

Mohammeds Geburtsdatum ist jedenfalls glaubhaft; zu bezweifeln ist, ob Abrahas Angriff auf Mekka im gleichen Jahr und nicht früher stattgefunden hat.

Mohammeds Vater Abd Allah, ein Name, den viele Gelehrte als postum verliehen betrachten, stammte aus der Sippe der Haschimiten, die ein Vorrecht auf die Abgabe des Wassers aus dem Brunnen Zemzem an die Pilger hatte. Er starb

Links: Mohammeds Mutter zeigt dem Großvater Abd al-Muttalib seinen Enkel; türkische Miniatur aus dem 18. Jh., Bibliothek des Topkapı Sarayi Müzesi, Istanbul.

Rechte Seite, oben: „Schwimmbad" des Patriarchen Abraham in Ur in Chaldäa. Unten: Der junge Mohammed wird von dem christlichen Mönch Bahira befragt; iranische Miniatur, 14. Jh., Universitätsbibliothek Edinburgh.

wenige Monate vor Mohammeds Geburt, als er geschäftlich in Medina war, das damals Jathrib hieß. Seine Mutter Amina war die Tochter des Oberhauptes der Banu Zahra in Medina. Mohammed hatte daher bereits vor seiner Geburt eine Bindung zu dieser für die künftigen Geschicke des Islam so wichtigen Stadt.

Der Großvater Abd al-Muttalib übernahm gemäß den damaligen Gepflogenheiten die väterliche Sorgepflicht für den Halbwaisen. Ebenso entsprach es den Sitten, dass die Mutter das Kind zunächst einen Monat lang der farbigen Amme Masruh anvertraute und später, als sich der Stamm der Banu Saad auf das jährliche Pilgerritual nach Mekka begab, einer Amme dieses Stammes.

Mohammed verließ folglich die Stadt und führte fünf Jahre in völliger Freiheit ein Nomadenleben in der Wüste zwischen der Oase Taif und Mekka unter Beduinen, die für ihr gepflegtes Hocharabisch bekannt waren. Dieser vielleicht sorglosesten Zeit ordnen die Exegeten mit Verweis auf den Koran eine hagiographische Begebenheit zu, die viel Raum für Interpretationen lässt: Haben wir dir nicht deine Brust geweitet, dir deine Last abgenommen, die dir schwer auf dem Rücken lag? (Sure 94,1–3)

Das reichte aus, damit sich einige der ältesten Autoren zu der Aussage verleiten ließen, das Kind sei wirklich von zwei Engeln gepackt worden, die ihm die Brust öffneten und seinem Herz einen schwarzen Klumpen entrissen. Eine Art Läuterung, vergleichbar mit der „Erbsünde" im Christentum, die dem Islam jedoch vollkommen fehlt? Die anderen Verse dieser Sure sprechen jedenfalls für eine gänzlich symbo-

Victor Hugo

*„Oh Herr der wahrhaft Gläubigen!
Als dich die Welt verstand,
in deinem Worte Glauben fand.
Am Tag deiner Geburt erschien ein Stern.
Und in Chosroes Palast stürzten drei Türme ein."*

Victor Hugo (1802–1885), „La Légende des siècles", IX, L'Islam

Ein Kameltreiber mit dem Beinamen „der Gerechte"

Im Alter von sechs Jahren kehrt Mohammed nach Mekka zurück. Das könnte für ihn die erste, bewusst erlebte Trauer gewesen sein: Die Abnabelung von der Amme und der freien Natur, in der er jenen Lebensabschnitt verbrachte, den die Psychologie als prägend für die geistige Entwicklung eines Menschen betrachtet.

Laut einigen hagiographischen Quellen, die kaum mehr als Vermutungen über Mohammeds Kindheit zulassen, brachte ihn die Mutter nur wenige Monate später nach Jathrib (Medina), um einige Verwandte zu besuchen. Auf der Rückreise starb sie in Abwa. Damit begann für ihn das Leben als Vollwaise, das in einer auf Handel und Zensus beruhenden Gesellschaft bestimmt nicht einfach gewesen sein dürfte. Das alles liefert dem Psychologen ausreichend Stoff, um die Entwicklung von Mohammeds Charakter und Persönlichkeit zu analysieren. Tatsächlich wird er sich Zeit seines Lebens besonders der Waisen und Entrechteten annehmen, die im vorislamischen Mekka keinerlei Rolle spielten. Im Koran selbst werden sie an vielen Stellen in Schutz genommen, während Selbstsüchtige und Betrüger hart verurteilt werden.

Man muss jedoch auch sagen, dass solche Erlebnisse in der Regel zur Bildung eines schwachen und introvertierten Charakters, eben eines Verlierertypus, führen. Mohammed wird ein starkes, offenes, rechtschaffenes, kreatives, ausgeglichenes Wesen entwickeln und selbst in schwierigsten Situationen eine gesunde Psyche beweisen.

Der Waise erfährt eine liebevolle Aufnahme durch den in Jathrib geborenen Großvater väterlicherseits, Abd al-

Muttalib Ibn Hashim, der allerdings zwei Jahre später stirbt. Fortan wohnt der kleine Mohammed bei seinem Oheim, Abu Talib, der ihn wie einen leiblichen Sohn aufzieht und ihn mit seiner Karawane bis nach Palästina und Syrien führt. Das sagt zumindest die Hagiographie, westliche Gelehrte bezweifeln dies. Mohammed habe auf diese Weise die großen byzantinischen Kirchen und Klöster gesehen und entlang der Karawanenstraßen auch die Ruinen untergegangener Städte wie Madyan, al-Hidjr, Sodom und Gomorrha, von denen im Koran die Rede ist: Und wir kehrten das Oberste ihrer Stadt zuunterst und ließen Steine von Ton auf sie regnen. Darin liegen Zeichen für diejenigen, die Obacht geben. Und sie ist wahrlich ein beständiger Weg. Darin liegt ein Zeichen für diejenigen, die glauben. [...] Und (auch) die Leute von al-Hidschr haben... (Sure 15,74–80).

Auf einer dieser Reisen scheint er in Bosra (Syrien) dem christlichen Mönch Bahira (aramäisch: der Auserwählte) begegnet zu sein. Bahira war ein profunder Kenner der Schriften und erkannte in dem Jungen laut islamischer Hagiographie den von der Bibel und den Evangelisten angekündigten Propheten. Den muslimischen Geschichtsschreibern zufolge war Mohammed damals neun oder zwölf Jahre alt. Das Bahira-Kloster in der Stadt Bosra existiert noch heute. Jahrhundertelang behaupteten die Byzantiner in ihren Hetzschriften gegen den Islam, der Mönch sei ein Nestorianer und Verfasser einer häretischen Apokalypse (das Wort ist aus dem Arabischen und Syrischen entlehnt) gewesen, der Mohammed viele der heiligen Geschichten des Korans suggeriert habe. Das scheint unwahrscheinlich, da es sich nur um einen kurzen Besuch handelte.

Einmal jährlich begab sich der junge Mohammed zur großen Messe in Ukad, zu der Menschen aus der gesamten Arabischen Halbinsel und aus dem Ausland, vornehmlich Syrer, Perser und Inder, anreisten. Dichter übertrafen sich gegenseitig in ihren Lobliedern, Seher verkündeten im rhythmischen Singsang ihre Orakel, meisterliche Athleten übten sich im Kräftemessen. Die Handelsströme, aber auch der Austausch religiösen und kulturellen Gedankengutes waren bedeutsam. Darüber hinaus hat Mohammed sicher an dem so genannten „gottlosen Krieg" teilgenommen: der zweite Krieg, den die Mekkaner gegen den Beduinenstamm der Hawazin bestritten und der fast fünf Jahre dauerte.

Aufgewachsen in dieser Umgebung und vertraut mit den verschiedenen Kulturen, die das Arabia felix (den Jemen) umgaben, brachte er diesen Lebensabschnitt auf der großen Weihrauch-Karawanenstraße zu und stieg schließlich selbst zu einem Karawanenführer auf. Zu jener Zeit war die Führung einer Karawane wegen der zahlreichen damit verbundenen Gefahren und der großen Verantwortung nur ein Unternehmen für starke, intelligente und kühne Männer. Seltener fand sich hingegen ein Karawanenführer, der diese Eigenschaften auch noch mit einer skrupellosen Ehrlichkeit verband, wie sie Mohammed eigen war. Seine Landsleute gaben ihm deshalb den Beinamen „al-Amin", der Ehrliche, der Rechtschaffene.

Auch eine entfernte Cousine, Chadidja Bint Kuwailid aus der Sippe der Asad vom Stamme der Koraisch in Mekka, Witwe des reichen Utayyiq, bezeugte dies, indem sie ihm eine ihrer Karawanen nach Bosra (Syrien) anvertraute. Als Mohammed von dieser Mission zurückkehrte, besiegelten die beiden ihre Heirat.

Aus dieser Verbindung gingen at-Tabari zufolge die vier Söhne Abdullah, Kasim, Tahir und Tayyib hervor, die alle im zarten Kindesalter starben, sowie die vier Töchter Zainab, Ruqayya, Umm Kulthum und Fatima, die Bekannteste unter ihnen. Die weise Chadidja und der großzügige Mohammed adoptierten auch einen Sklavenjungen, den sie freistellten: Zaid Ibn Harith, doch auch er starb früh.

Mohammed, selbst Vollwaise und somit irrelevant für eine Gesellschaft, die den Zensus als höchsten Wert erachtete, hatte im Alter von circa 25 Jahren wieder eine gute gesellschaftliche Stellung errungen und dank Zensus seinen Platz in dieser Gesellschaft gefunden. Doch verband er damit auch seine herausragenden moralischen und intellektuellen Fähigkeiten, die allseits anerkannt und geschätzt wurden.

Linke Seite, oben: Eine arabische Gruppe auf Reisen; Gemälde von Prosper Marilhart. Unten: Mohammeds Trauung mit Chadidja; türkische Miniatur, 18. Jh.

Oben: Der Prophet als Karawanenführer Chadidjas (Szene, die auch anders betitelt wird); türkische Miniatur aus dem 18. Jh., Topkapı Sarayi Müzesi, Istanbul.

wahrscheinlich bestand der ursprüngliche Bau überwiegend aus Holz und hatte einen ebenerdigen Eingang. Nachdem ein verheerendes Unwetter beträchtlichen Schaden an dem Gebäude angerichtet hatte, verständigten sich die vier Hauptstämme von Mekka darauf, dass jeder die Erneuerung einer Seite übernehmen sollte. Als es jedoch darum ging, wer den Schwarzen Stein wieder an Ort und Stelle einfügen sollte, kam es beinahe zu Handgreiflichkeiten. Schließlich beschloss man, diese Aufgabe der ersten Person zu übertragen, die das Heiligtum betreten würde: Diese Person war Mohammed. Er traf er eine sehr gerechte Entscheidung: Er würde den Stein in die Mitte eines großen Tuches legen. Jeder der vier Stammesvertreter würde dieses an einem Eck fassen, es hochheben und den Stein dadurch auf die entsprechende Höhe bringen; erst dann würde Mohammed den Stein an seinen Platz rücken. So wurde es gehalten, und einmal mehr lobte man die gerechte Unparteilichkeit dieses gütigen Mannes.

Die Nacht der Bestimmung

Die hedonistische und heidnische Lebensweise der Handelshierarchie in Mekka wurde nicht von allen gleichermaßen geteilt. In Auflehnung gegen den vorherrschenden Polytheismus waren einige auf der Suche nach einem innigen und reinen Glauben. Diese so genannten hunafa' (Singular hanif) verstanden sich als Anhänger des wahren monotheistischen Wortes des Patriarchen Abraham, ein hanif in vollkommenster Reinheit.

Auch Mohammed verspürte um sein 40. Lebensjahr verstärkt das Bedürfnis, nach einer göttlichen Identität zu suchen. Er unternahm ausgedehnte Ausflüge in die Abgeschiedenheit der Berg- und Steinwüste um Mekka. Mehrmals zog er sich für einige Tage auf den Berg Abu Qubays zurück bzw. einmal im Jahr einen Monat lang in eine Grotte des Berges Hira, der heute an-Nur, Berg des Lichtes, heißt. Dort hatte er am 27. Tag des Ramadan des Jahres 612 eine Vision. Lesen wir die Aussagen der Zeitgenossen in den „Aussprüchen des Propheten", die der Türke Mohammed al-Buchari (810–870) zusammengetragen hat: „'A'isha, die Mutter der Gläubigen, berichtet: Die erste Offenbarung für den Gesandten Gottes war ein frommer Traum während des Schlafs. Seine Träume erschienen ihm immer wie das Frühlicht der Morgendämmerung. Nach diesem Traum suchte er die Einsamkeit und zog sich häufig in die Höhle von Hira' zurück. Dort kehrte er in sich und verbrachte zahlreiche Tage, indem er seine Gedanken ausschließlich Gott widmete, bis er schließlich wieder zu seiner Familie zurückkehrte. Für seinen Aufenthalt in der Höhle versorgte er sich mit Proviant. War dieser aufgebraucht, kehrte er zu Khadidja zurück, um sich mit neuen Vorräten zu versehen.

Linke Seite: Die Kaaba; Anthologie auf Pushtu der Fürsten von Helmand (1520); Staatsbibliothek Kabul, Afghanistan.

Oben: Ekstatische Vision in Gestalt des Simurgh; Tabriz (um 1370); Bibliothek des Topkapı Sarayi Müzesi, Istanbul.
Links: Anrufung Gottes, Vergeber aller Sünden; türkische Kalligraphie aus dem 19. Jh., Topkapı Sarayi Müzesi, Istanbul.

Die göttliche Wahrheit kam über ihn, als er sich in der Höhle von Hira' aufhielt. Der Engel Gabriel (Djibra'il) erschien ihm und sagte: ‚Trag den Menschen die göttliche Offenbarung vor!' Der Prophet entgegnete: ‚Ich werde nichts vortragen!' Das weitere Geschehen erzählte mir der Gesandte Gottes mit folgenden Worten: ‚Da packte der Engel mich und würgte mich, dass ich beinahe die Besinnung verlor. Darauf ließ er von mir ab und sagte: ‚Trag den Menschen vor!' Ich erwiderte: ‚Ich werde nichts vortragen!' Er ergriff mich erneut und würgte mich, dass ich glaubte, es sei der Tod. Dann aber ließ er mich los und sagte: ‚Trag den Menschen vor!' Ich antwortete: ‚Ich werde nichts vortragen!' Und wieder packte er mich und drückte mir ein drittes Mal die Kehle zusammen. Schließlich ließ er von mir ab und sagte: ‚Trag vor im Namen deines Herrn, der den Menschen aus einem Embryo erschaffen hat! Trag vor! Dein höchst edelmütiger Herr ist es, der den Gebrauch des Schreibrohrs gelehrt hat, den Menschen gelehrt hat, was er nicht wusste' (Sure 96,1–5).

Nach dieser Offenbarung eilte der Gesandte Gottes zitternden Herzens nach Hause. Er lief zu Khadidja und rief: ‚Bedeckt mich! Deckt mich zu.' Sie hüllten ihn in Decken, bis die Furcht von ihm gewichen war. Später redete er mit Khadidja und erzählte ihr, was geschehen war. Er schloss seinen Bericht mit den Worten: ‚Ich hatte schreckliche Angst!' Khadidja entgegnete: ‚Aber nein, bei Gott! Niemals wird Gott dir Schaden zufügen! Du hast doch ein gutes Verhältnis zu deiner Verwandtschaft und behandelst die Menschen stets wohlwollend; du unterstützt den Bedürftigen, bewirtest den Gast und stehst denen bei, die sich in einer unglücklichen Lage befinden.'

Nach diesem Gespräch ging Khadidja mit dem Gesandten Gottes zu Waraqa Ibn Naufal Ibn Asad Ibn 'Abdul'uzza, ihrem Cousin, der in vorislamischer Zeit zum Christentum übergetreten war. Der Mann pflegte in hebräischer Schrift zu schreiben und hatte das Evangelium eingehend studiert. Zu jener Zeit war Waraqa bereits ein sehr alter Mann, des-

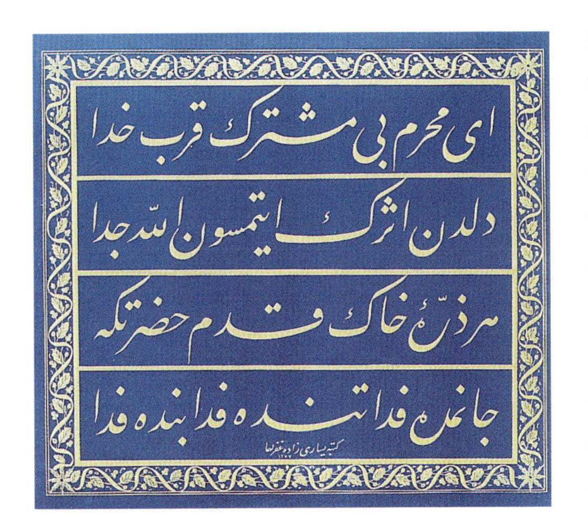

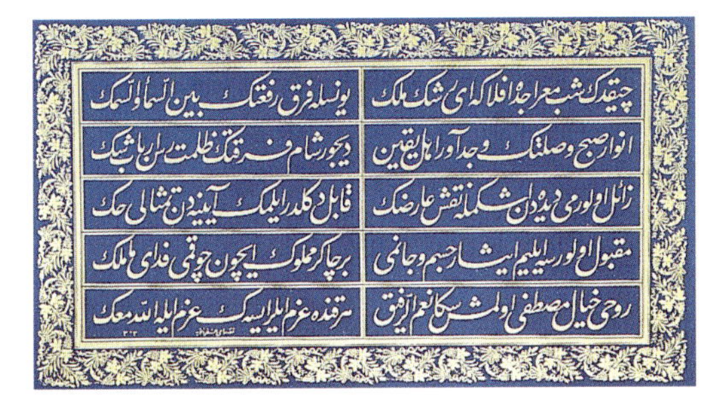

Linke Seite: Der Prophet Mohammed im Gespräch mit einem monotheistischen Hirten; türkische Miniatur aus dem 18. Jh., Bibliothek des Topkapı Sarayi Müzesi, Istanbul.

Quartett (oben) und Gedicht (unten) zur Huldigung des Propheten Mohammed. Rechts: Muttalin und Abd al-Muttalib kommen in Mekka an; türkische Miniatur, 18. Jh.

sen Augenlicht erloschen war. Khadidja sagte zu ihm: ‚O Cousin, höre, was deinem Neffen widerfahren ist!' Waraqa wandte sich an den Propheten und fragte: ‚Was ist passiert, o mein Neffe?' Da erzählte ihm der Gesandte Gottes, was er erlebt hatte. Waraqa sagte: ‚Das war der Erzengel Gabriel, den Gott auch zu Moses (Musa) geschickt hat. Ach, wäre ich doch ein junger Mann, könnte ich doch erleben, wie dein Volk dich vertreibt!' Der Gesandte Gottes fragte: ‚Werden sie mich davonjagen?' – ‚Ja! Niemals wurde ein Mann, der etwas Ähnliches vorbrachte wie du, nicht feindlich behandelt. Wenn ich diesen Tag noch erleben darf, werde ich dich tatkräftig unterstützen!' Wenig später starb Waraqa. Im Anschluss an diese Ereignisse blieben die Offenbarungen Gottes vorübergehend aus."

Dies sind sehr einfache Sätze. Es handelt sich um die originalen „Aussprüche" der Gefährten des Propheten und seiner selbst. Die starke Diskrepanz zwischen dem lockeren und umgangssprachlichen Stil dieser Sätze und dem klaren und eindrucksvollen Stil des Korans ist kaum zu übersehen. Al-Buchari fährt an dieser Stelle in seinem Buch fort: „Ghabir Ibn 'Abdullah al-Ansari berichtet: ‚Wir sprachen einmal über diese Zeit, in der keine Offenbarungen erfolgten, als der Gesandte Gottes folgendes erzählte: ‚Ich war in der Umgebung von Mekka unterwegs, da hörte ich plötzlich eine Stimme, die vom Himmel herabhallte. Ich schaute nach oben und sah den Engel, der mir in der Höhle von Hira' erschienen war. Er saß auf einem Thron zwischen Himmel und Erde. Ich schreckte zusammen, eilte nach Hause und rief: ‚Bedeckt mich! Deckt mich zu!' Darauf offenbarte Gott der Erhabene die Verse: ‚Der du dich zugedeckt hast! Stell dich auf und warne! Und preise deinen Herrn, reinige deine Kleider und meide die Besudelung'. (Sure 74,1–5)
Im Anschluss an diese Begebenheit erfolgten die Offenbarungen regelmäßig."

Mohammeds Frauen

Mohammeds erste Ehefrau war Chadidja, Tochter des Kuwailid der mekkanischen Sippe Asad aus dem Stamme der Koraisch. Sie war bereits zwei Mal verheiratet gewesen: zunächst mit Abu Hala al-Tamini, von dem sie sich scheiden ließ, und anschließend mit Utayyiq Ibn Aidh, der verstarb. Einigen Quellen zufolge heiratete die Witwe im Alter von 40, andere sagen wiederum im Alter von 28 Jahren den damals 23-jährigen Mohammed. Aus dieser Ehe gingen vier Töchter (Zainab, Ruqayya, Umm Kulthum, Fatima) hervor sowie vier Söhne (Abdullah, Kasim, Tahir und Tayyib), die

Unten: Die Ehefrauen des Propheten Mohammed; türkische Miniatur aus dem 18. Jh., Bibliothek des Topkapı, Sarayi Müzesi, Istanbul.

Rechte Seite: Chadidja sieht den jungen Mohammed nach dessen Rückkehr von seiner ersten Reise; Miniatur aus der „Geschichte" von Ishak aus Nishapur, 1581.

jung starben. Seine zweite Ehefrau – nach Chadidjas Tod – war die dreißigjährige Sauda Bint Zama'a, Witwe eines nach Abessinien geflüchteten Muslims. Mohammed heiratete sie, als er nach Medina kam. Seine dritte Frau hieß Aischa, Tochter von Abu Bakr; sie war die Jüngste und – da sie zuvor noch keinen anderen Mann geheiratet hatte – auch die Einzige, die jungfräulich in die Ehe ging. Es folgten Hafsa, die Schwester oder anderen Quellen zufolge die Tochter des Omar Ibn al-Chattab (Mohammeds Nachfolger im Kalifat); Habiba, Tochter des mekkanischen Oberhauptes Abu Sufyan; Umm Salama, Tochter des Abu Umayya. Diese Frauen gehörten alle dem Stamm der Koraisch an. Danach ehelichte er Safiyya Bint Huyayy, eine Jüdin aus der Sippe der Chaibar; Maymuna Bint al-Harit aus dem Stamm der Hilal; Zainab Bint Jash aus dem Stamm der Asad, die in Mohammed scheinbar so verliebt war, dass sie sich von Zaid scheiden ließ, um den Propheten zu heiraten; Guwairiyya Bint al-Harit aus dem Stamm der al-Mustaliq. Nach 627 heiratete er eine ausgelöste koptische Sklavin: Maria (Maryam), die ihm einen Sohn namens Abraham (Ibrahim) gebar, der im Alter von etwa zwei Jahren starb; sowie andere Frauen, je nach den politischen Erfordernissen und damaligen Gepflogenheiten, Bündnisse mit Beduinenstämmen über Blutsbande einzugehen. Die Frage der Ehen und die noch umstrittene Anzahl der Ehefrauen hat der Traditionswissenschaftler Abu Abd Allah Ibn Sa'd (784–845) ausführlich in seinem Werk „Kitab al-Tabaqat al-Kabir" untersucht, von dem es eine Ausgabe gibt, die 1958 in Beirut erschien.

Unten: Die Ehefrauen des Propheten; iranische Keramik aus dem 15. Jh.

Die erste Offenbarung

Mit dieser ersten Offenbarung werden gleichzeitig auch die ersten Verse des Korans auf Mohammed „herabgesandt". Das bringt Licht und Aufklärung in seine Mission, die allerdings auch etwas Beunruhigendes in sich birgt. Es ist ein Geisteszustand, der Dichtern und Propheten bestens bekannt ist, die während der Eingebung gar Erhabenes zu Papier bringen, ohne sich darüber vollends bewusst zu sein oder kurz zuvor noch nicht ahnten, dazu überhaupt in der Lage zu sein. Als Psychoanalytiker darf ich den glaubhaften Versuch einer Analyse machen: Dieser Zustand war effektiv unnatürlich und gleichzeitig mit absoluter Sicherheit kein Zustand paranoider Erregung. Einfacher ausgedrückt handelte es sich bei Mohammed weder um einen Visionär noch um einen Blender, sondern um einen Menschen mit einem außergewöhnlichen Wahrnehmungsvermögen und einer wahren Eingebung. Um dies zu verstehen, müsste man den Zustand poetischer Inspiration oder hellseherischer

Oben: Eine moderne Allegorie der „Offenbarung Mohammeds".
Unten: Seite des „Mathnawi" von Djalal ad-Din Rumi (1207–1273), Mevlevis, Konya (Türkei).

Rechte Seite, oben: Beschreibung des „mystischen Zustandes"; Sufi-Handschrift, Taschkent (Usbekistan).
Unten: Lobpreisung der „Nacht der Bestimmung"; iranische Keramik, 15. Jh.

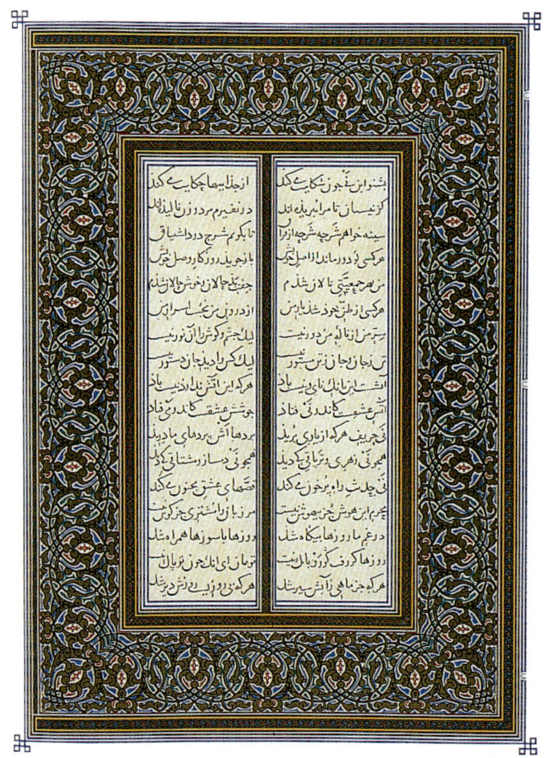

Hypersensibilität bzw. greifbarer Absolutheit untersuchen, den ein zum Tode Verurteilter in den letzten Augenblicken seines Lebens durchlebt, sowie den besonderen Zustand akuter Sensivität (den die Psychiatrie wissenschaftlich bestätigt hat) bestimmter authentischer Hellseher, oder auch den Trance-Zustand eines der wenigen echten Medien. Das alles kann einen Eindruck über den Zustand vermitteln, in dem sich Mohammed befunden haben muss, als er erleuchtet wurde und in ihn „ein Teil des Korans hineinfuhr". Nur wer einen der genannten psychischen Zustände bereits erlebt hat (und ich sage psychisch, nicht spirituell, denn es genügt bereits vollkommen, im nachweisbaren Bereich der Wahrnehmung zu bleiben), kann akzeptieren und bezeugen, dass es sich um eine echte und nicht vorgetäuschte Kraft der Eingebung gehandelt hat.
Man könnte sogar die Aussagen der damaligen Augenzeugen anzweifeln. Manch einer war vielleicht auch vor Begeisterung oder Fanatismus geblendet, aber die Worte, mit denen sie Mohammeds „Zustände geistiger Verzückung" beschrieben, sprechen für die Wahrhaftigkeit

seiner prophetischen Eingebung. Al-Buchari schreibt an einer anderen Stelle seiner Sammlung: „Wurde eine Offenbarung auf den Propheten herabgesandt, so schwitzte er selbst an sehr kalten Tagen." Ibn Saad berichtet: „Der Prophet wog dann so schwer, dass sein Kamel zu Boden ging." Und wiederum al-Buchari zitiert einen anderen Gefährten mit der Aussage: „Eines Tages befand ich mich neben ihm, und der Raum war von Menschen überfüllt, sodass sein Schenkel meinen berührte. Plötzlich ereilte ihn der Zustand der Offenbarung und ich spürte sein unglaubliches Gewicht, das auf meinem Oberschenkel lastete." Ähnliche Zustände haben viele Mystiker aus sämtlichen Religionen erlebt und glaubwürdig-objektiv geschildert. Den großen Sufi-Meistern (die Mystiker des Islam, unter denen sich viele Psychiater, Ärzte, Gelehrte der positiven Wissenschaften und keinesfalls überdrehte Psychotiker befanden) sind sie geläufig, gut beschreibbar, bisweilen auch von Schülern erreichbar, die im tiefen Bewusstsein ihrer Lehre folgen.

Darüber hinaus feiern noch heute alle Muslime die schicksalhafte Nacht der ersten Offenbarung mit Gebeten und Koranlesungen. Der Koran schildert sie folgendermaßen: Wir haben ihn (d. h. den Koran) in der Nacht der Bestimmung hinabgesandt. Aber wie kannst du wissen, was die Nacht der Bestimmung ist? Die Nacht der Bestimmung ist besser als tausend Monate. Die Engel und der Geist kommen in ihr mit der Erlaubnis ihres Herrn hinab, lauter Logos(wesen). Sie ist (voller) Heil (und Segen), bis die Morgenröte sichtbar wird. (Sure 97,1–5)

In der Aussage des greisen, erblindeten Christen, Waraqa Ibn Naufal, der die heiligen Schriften eingehend studiert hatte („In Wahrheit ist Mohammed der erwartete Prophet, der Paraklet"), ist eine Auffassung erkennbar, die Muslime gerne vertreten und die auch der Koran anführt (Suren 61,6 und 26,196). Schon im 8. Jahrhundert zitierte Ibn Ishaq das Evangelium nach Johannes (16, 7–14), in dem Jesus sagt: „Doch ich sage euch die Wahrheit: Es ist gut für euch, dass ich fortgehe. Denn wenn ich nicht fortgehe, wird der Beistand [im griechischen Original: Parakletos, das bedeutet ‚der Lobwürdige' oder vielmehr auf Arabisch Muhammad] nicht zu euch kommen; gehe ich aber, so werde ich ihn zu euch senden. Und wenn er kommt, wird er die Welt überführen (und aufdecken), was Sünde, Gerechtigkeit

und Gericht ist. [...] Wenn aber jener kommt, der Geist der Wahrheit, wird er euch in die ganze Wahrheit führen. Denn er wird nicht aus sich selbst heraus reden, sondern er wird sagen, was er hört, und euch verkünden, was kommen wird. Er wird mich verherrlichen; denn er wird von dem, was mein ist, nehmen und es euch verkünden."

Die muslimische Exegese kommentiert die zitierten Verse aus dem Evangelium mit einer Reihe weiterer Texte. Das „Zend Avesta" der Anhänger Zarathustras sagt: „Ein Ikonoklast, den man ‚der Lobwürdige' nennen wird, Erbarmen für alle" (13, XXVIII, 129); die brahmanischen Veden kündigen „einen Weisen aus der Wüste namens ‚der Lobwürdige' an, einen Kamelbesitzer, der einen Sieg mit 300 Bewaffneten und einen mit 1.000 Bewaffneten erringen wird"; die „Kalnki Purana" kündet von „einer göttlichen Fleischwerdung, dessen Vater ‚Sklave Gottes' heißen wird, und die Mutter ‚die Vertrauenswürdige'. Er wird im Land des Sandes geboren werden und in den Norden seiner Geburtsstadt fliehen müssen."

Thomas Carlyle

„Mohammed war aufrichtig. Aus ihm einen Betrüger zu machen, ist ein unlauteres Vorhaben. Es ist unwahrscheinlich, dass ein Mann das sozusagen fast uneingeschränkte Vertrauen seiner Zeitgenossen zu gewinnen vermag [...].
Er war ein Mann von außergewöhnlichem Wesen, ein Bote, der uns Auskunft über das Unbekannte, das Unendliche gab."
Frei zitiert nach Thomas Carlyle (1795–1881), „On Heroes, Hero Worship and the Heroic in History"

Das Jahr des Schmerzes

In den ersten drei Jahren predigt Mohammed die Hingabe an den einen Gott und verurteilt die Vielgötterei im Kreise der Familienangehörigen, darunter natürlich Chadidja, Abu Bakr, Ali, Waraqa Ibn Naufal, Zaid Ibn Harith, Abi Quhafa und andere. Dann beginnt er auf dem Vorplatz der Kaaba öffentlich zu predigen und rezitiert die Verse, die ihm von Mal zu Mal eingegeben werden. Anfangs wird er noch verhöhnt, dann immer offener bekämpft. Die neue einfache Religion verbreitet sich vor allem unter Frauen, Christen, Sklaven und Entrechteten. Es wäre allerdings ein Trugschluss zu glauben, dass sie insgesamt proletarische Ansprüche zum Inhalt hat. In dieser Zeit sind es seltene Einzelfälle, in denen sich namhafte Koraisch dem Islam gegenüber aufgeschlossen zeigen. Der Übertritt von Mohammeds Onkel Hamza Ibn Abd al-Muttalib und Omar Ibn al-Chattab, die als grausame Männer galten, muss hier sicherlich Aufsehen erregend gewesen sein.

Die Lehre breitet sich langsam aus; sie ist klar und verständlich und die streng monotheistische Ausrichtung offensichtlich. Mohammeds Wort beschränkt sich jedoch nicht nur auf den religiösen Bereich. Ein Beispiel: In Mekka war der kolossale Sieg des sassanidischen Götzendieners Chosroe II. Parwiz, Herrscher von Persien, über den byzantinischen Kaiser Herakleios im Jahr 614 in aller Munde. Chosroe hatte Syrien und Ägypten besetzt, Kirchen zerstört sowie das Heilige Grab geschändet und geplündert. Die Mekkaner sympathisierten mit Chosroe und freuten sich über diesen Sieg. Die ersten Muslime, die sich dem christlichen Monotheismus verbunden fühlten, grämten sich dagegen. Hierzu der Koran: Die Byzantiner sind besiegt worden. Im nächstliegenden Gebiet. Aber sie werden, nachdem sie besiegt worden sind, siegen, in etlichen Jahren. Gott steht die Entscheidung zu. Von jeher und künftig. An jenem Tag werden die Gläubigen sich darüber freuen, dass Gott geholfen hat. (Sure 30,2–5)

Im Vertrauen auf diese Voraussage wettete Abu Bakr mit den Koraisch 100 Kamele, die er im Jahr 625 prompt gewann, als Herakleios die Sassaniden nach deren Niederlage aus den besetzten Gebieten vertrieb und beim Einmarsch in Persien einen großen Sieg bei Ninive errang.

Linke Seite, oben: Lobpreisung der „Offenbarung Mohammeds“; Portal der Medrese Ince Minare in Konya (Türkei). Unten: Ein muslimischer Mystiker in einer Höhle; Miniatur (um 1530), British Museum, London. Rechts: Fußabdruck des Propheten Mohammed; Topkapı Sarayi Müzesi, Istanbul.

Die Anfeindungen nehmen jedoch immer ausgeprägtere Formen an. Die Hingabe an den einen Gott steht im Widerspruch zu den heidnischen Interessen der Koraisch, deren unmoralische Sitten verbal unter Beschuss stehen. Mohammed wird zur Zielscheibe des Gespötts einschließlich Gewalttätigkeiten. Eigens dazu angeworbene Dichter tragen verleumderische Sartiren gegen ihn vor. Die Lage spitzt sich derart zu, dass erste Konvertierte, die auf keine nennenswerte „politische Unterstützung“ oder einflussreiche Freunde zählen können, sich gezwungen sehen, heimlich nach Abessinien auszuwandern. Schließlich drohen die Koraisch den Haschimiten mit Verbannung und verstoßen die Ehemänner von Mohammeds Töchtern. Unter ihnen befindet sich Utba Ibn Abu Lahab. Selbst der eigene Onkel, Abu Lahab (Abd al-Uzza, später Abu Lahab: Vater der Flamme), greift den Propheten hart an. Gegen ihn wurde damals die 111. Sure, die 6. Sure in chronologischer Reihenfolge, „herabgesandt“: Dem Verderben seien die Hände Abu Lahabs preisgegeben! Dem Verderben sei er preisgegeben! Was nützt ihm sein Vermögen, und was er erworben hat? Er wird in einem lodernden Feuer schmoren, (er) und seine Frau, die Brennholzträgerin. An ihrem Hals hat sie einen Strick, einen Palmfasernstrick. (Sure 111,1–5)

Für Mohammed beginnt das Jahr des Schmerzes und der Trauer. 620 ist das Todesjahr seiner Ehefrau Chadidja und seines Onkels und Beschützers Abu Talib, Oberhaupt der Haschimiten. Zu allem Unglück tritt Abu Lahab die Nachfolge als Sippenführer an und handelt unter „Verleugnung“ Mohammeds einen Waffenstillstand mit den Koraisch aus. Nach damaligem Brauch gilt Mohammed nun fast als Geächteter und steht nicht mehr unter dem Schutz des Stammes. Unterstützung und Zuversicht findet er allein in den „Offenbarungen“. Angesichts der mekkanischen Feindseligkeit sucht er Gleichgesinnte unter Beduinen, die ihn allerdings mit Heimtücke und Verrat strafen, sowie unter den Bewohnern der Oase Taif, wo er um ein Haar gesteinigt wird und gerade noch rechtzeitig in einen Garten fliehen kann,

Linke Seite, oben: Die nächtliche Himmelsreise des Propheten Mohammed; türkische Miniatur aus dem 18. Jh., Bibliothek des Topkapı Sarayi Müzesi, Istanbul.

Unten: Die nächtliche Himmelsreise des Propheten Mohammed; Mi'rag-Nameh der Uiguren, 14. Jh., Nationalbibliothek, Paris.

Rechts: Die nächtliche Himmelsreise des Propheten Mohammed; Miniatur aus einem Kitab al-mi'radj, Replik von Lassaad al-Karqi (um 1520), Privatsammlung, Kabul.

den zwei christliche Sklaven pflegen. Danach kehrt er unter dem Schutz des Ehrenmannes Mut'im Ibn Adi nach Mekka zurück.

In diese Zeit größter Pein fällt ein Ereignis, das der Koran mit wenigen Worten abhandelt: Gepriesen sei der, der mit seinem Diener bei Nacht von der heiligen Kultstätte nach der fernen Kultstätte, deren Umgebung wir gesegnet haben, reiste, um ihn etwas von unseren Zeichen sehen zu lassen. (Sure 17,1)

Am 27. des Monats Ramadan im Jahr 620 übernachtet Mohammed im Hause seiner Cousine Umm Hani Bint Abu Talib und hat eine Eingebung. Der Erzengel Gabriel geleitet ihn zu dem himmlischen Reittier Burak (wörtlich: der Blitz), auf dem er von der Kaaba nach Jerusalem „fliegt" und von dort weiter auf den Berg Sinai und nach Bethlehem. Er begegnet Abraham, Moses, Jesus und anderen. Er steigt auf einer Treppe aus Licht (mi'radj) in den siebten Himmel empor und begegnet dort weiteren Propheten. Die Reise wird immer symbolischer: eine Sublimation. Eine ausführliche Beschreibung in den Worten des Propheten findet sich in der „Sahih" von al-Buchari (LXIII, 40).

In den postumen Exegesen wird aus der Nachtreise („Kitab al-mi'radj"), von der es unter anderem vier Hauptversionen gibt – und die, wie der spanische Jesuit Asín Palacios zu rechter Zeit erklärte, in einer provenzalischen Fassung Dante als Vorlage für die „Göttliche Komödie" diente – eine sehr lange Himmelfahrt. Einige Fundamentalisten halten sie für eine wahre Begebenheit. Doch selbst anerkannte muslimische Gelehrte wie at-Tabari (†923), Razi (†1210) und al-Ghasali (der „Meister aller Meister", 1050–1111) fordern zu einer symbolischen Lesart der Reise auf, als einer Art mystisch-kontemplativen Himmelsreise, aus der zahlreiche sufistische Exegesen hervorgingen. At-Tabari (XV, 17) schreibt: „Er ließ seine Seele wandern, doch im Halbschlaf schien es dem Propheten, als säße er leiblich auf einem Reittier. Der wörtliche Ausdruck der vermeintlichen Bewegung bedeutet ein tatsächliches Anheben der Flügel, die unserer physischen Natur die Wahrnehmung der göttlichen Wirklichkeiten versagen."

Es bleibt festzuhalten, dass die volkstümliche Pietas Mohammed einige Wunder zuschreibt, wiewohl anerkannte Historiker davon Abstand nehmen und die Figur des Propheten ganz zu Recht auf die Stufe der menschlichen Existenz stellen, auch wenn er der „Auserwählte Gottes" war.

Die „Auswanderung“ nach Medina

Die Koraisch überlegen, wie sie Mohammed aus dem Weg räumen könnten, ohne mit den Stammesgesetzen des Talion und der Blutfehde in Konflikt zu geraten. Im Gegensatz dazu zeigen die Bewohner von Jathrib und vornehmlich die Stämme Aus und Chasradj an der Person Mohammeds sowie an seinen Predigten Interesse, zumal sie ihm die Fähigkeit zuschreiben, als Friedensrichter (sayyid) zwischen den arabischen, jüdischen und christlichen Stämmen vor Ort zu vermitteln. Tatsächlich war gerade ein Großteil der Katholiken den jüngsten Verfolgungen durch die byzantinischen Christen im Norden entflohen. Ihre Ankunft hatte das örtliche Gleichgewicht ins Wanken gebracht. Darüber hinaus war um 617 der alte Konflikt in der Schlacht von Buath, die keine wesentliche Entscheidung herbeiführen konnte, erneut entbrannt. Die Stadt benötigte wirklich eine Art Richter super partes, und Mohammed eilte buchstäblich der Ruf des Unparteiischen voraus.

Während der Pilgerreise des Jahres 620 nehmen sechs Chasradj erstmals Kontakt zu ihm auf. Auf der Wallfahrt im Folgejahr schließen Vertreter der Aus und Chasradj mit Mohammed einen geheimen Bund, der im Juni 622 formal besiegelt wird, als abermals auf der Pilgerfahrt 75 Bürger von Jathrib in Akaba bei Mekka in die Hände des Propheten schwören.

Die Vereinbarung sieht vor, dass Mohammed die politischen Kontroversen der Stadt schlichtet und im Gegenzug seinen Glauben frei predigen darf. Daraufhin setzt ein Exodus der Muslime von Mekka nach Jathrib ein, bis nur noch der Prophet, Abu Bakr und wahrscheinlich auch Ali zurückbleiben. Als man ihn vor einem geplanten Attentat der Koraisch auf ihn warnt, flieht der Prophet schließlich am Freitag, den 16. Juli 622 (laut Hagiographie; manchen Historikern zufolge erst 68 Tage später, aufgrund der Unterschiede zwischen Mond- und Sonnenkalender). Begleitet wird er vom Freund seines Vertrauens, Abu Bakr, ein

Linke Seite, oben: Schachspieler (der Mystiker Nadim al-Kubra); usbekische Miniatur (1606), Institut für Orientalistik in Taschkent (Usbekistan). Unten: Medina mit dem Grab des Propheten Mohammed (links oben) und seinen Wohnstätten (mittig unten); irakische Miniatur aus dem 16. Jh.

Rechts: Die Bewohner Medinas laden Mohammed nach seiner Ankunft in der Stadt zum Essen ein; türkische Miniatur aus dem 18. Jh., Bibliothek des Topkapı Sarayi Müzesi, Istanbul.

wohlhabender Mann, der eine Schlüsselrolle in der weiteren Entwicklung des Islam spielen wird. Die Mekkaner nehmen vergeblich ihre Spur auf. Die beiden halten sich in einer Höhle des Berges Thaur versteckt, wie später aus dem Koran zu erfahren sein wird: Gott hat ihm ja schon Beistand geleistet, als die Ungläubigen ihn zu zweit vertrieben. (Damals) als die beiden in der Höhle waren und er zu seinem Gefährten sagte: ‚Sei nicht traurig! Gott ist mit uns'. (Sure 9,40)

Am Höhleneingang hat eine Spinne in Eile ein großes Netz gesponnen, das die Feinde täuscht: Sie ziehen vorüber. Auf unbefestigten Wegen und mit der vorübergehenden Hilfe eines Beduinenführers und eines freien Sklaven, Amir Ibn Fuhaira, entziehen sich der Prophet und Abu Bakr ihren Feinden und kommen trotz des Kopfgeldes von 100 Kamelen, das man auf sie ausgesetzt hat, am 24. September 622 heil in Jathrib an.

Das ist die „Auswanderung", auf Arabisch hidjra, von dem sich das deutsche Wort Hidjra bzw. Hedschra ableitet.

Mit diesem Datum beginnt die Zeitrechnung nach dem

muslimischen Kalender, der sich nach den Mondphasen anstatt nach dem Sonnenstand richtet, wobei das Mondjahr um ein Dreiunddreißigstel kürzer ist als das Sonnenjahr. Wenige Jahre danach ändert sich der Name von Jathrib: Sie wird zur „Stadt des Propheten" (madinat an-nabi, davon abgeleitet „Medina"). Medina war vor allem durch die Anwesenheit monotheistischer Juden wesentlich aufgeschlossener für Mohammeds Glaubenslehre und musste nicht die mit der jährlichen Wallfahrt verbundenen Interessen verteidigen. Die Stadt benötigte vielmehr eine Art Statthalter-Schlichter. Als „Moderator" der Stadt erwuchsen Mohammed laut Koran (Sure 4,59–60) allerdings keine Vorteile auf seinem weiteren Weg zum geistigen Oberhaupt. Liest man zwischen den Zeilen des Korans, erkennt man, dass er sich in Jathrib schnell an der Schmähung und Haarspalterei der jüdischen Sippen stösst, die ihn so gar nicht als „Prophet" anerkennen wollen. Unmittelbar nach seiner Ankunft erbaut Mohammed jedenfalls die erste Moschee des Islam als Zufluchtsstätte für Verfolgte sowie Sitz des Gerichts und seines „Staatsrates". Er unterteilt die Menschen in „Auswanderer" (muhadjirun, die Flüchtlinge aus Mekka, die unablässig eintrafen) und „Helfer" oder „Gehilfen" (ansar, die Neomuslime in Medina).

Medinas Wandel

Nach seiner Ankunft in Medina versucht Mohammed zunächst, die Gunst der jüdischen Sippen durch eine Reihe von Kompromissen zu erwerben, doch ohne Erfolg. Einige westliche Gelehrte sehen darin den Grund für die fortschreitende Festigung des Islam im panarabischen Sinn. Zwischen 623 und 624 wird die Kibla (qibla, die Gebetsrichtung) verändert. Die Christen wandten sich zum Gebet nach Osten; Juden, Hebioniten, Helkesaiten und andere nach Jerusalem, und anfangs beteten selbst die Muslime noch Richtung Jerusalem. Nun änderten die Verse 136 bis 150 der 2. Sure die ehemalige Kibla, weshalb sich Muslime fortan nach der Kaaba wandten (in allen Moscheen ist diese Richtung durch eine mehr oder weniger ausgeschmückte Nische in der nach Mekka ausgerichteten Wand gekennzeichnet, die so genannte mihrab). Ein weiterer Unterschied entstand durch die hartnäckige Weigerung der Muslime, zu glauben, Gott habe sich am siebten Tag nach der Schöpfung ausgeruht. Ferner wurde der Fastenmonat Ramadan (ramadan) eingeführt, in etwa vergleichbar mit dem hebräischen Jom Kippur und der christlichen Fastenzeit; schließlich bekam Abraham die Auszeichnung „Muslim" verliehen, als der erste und rechtschaffenste hanif (Monotheist, Anhänger der Ur-Religion Gottes).

Der Sieg von Badr

Wenige Monate nachdem sich Mohammed in Medina niedergelassen hat, entsendet er unter der Führung von Abd Allah Ibn Jahsh ein Truppenkontingent nach Nakhla, um eine kleine koraische Karawane anzugreifen, die sich im heiligen Monat radjab in Sicherheit unterwegs wähnt. Die Gegenwehr ist nur schwach, der Sieg ein Leichtes und die Beute reich. Andererseits sichert die Beute (nach damaligem Stammesbrauch eine Art legitimierte Einnahmequelle) die Ernährung der muhairun. Auf leisen Sohlen nimmt damit eine Reihe von Militärschlägen ihren Lauf, etwa 80 an der Zahl, die – gegen Koraisch, jüdische Sippen, Beduinenstämme und schließlich byzantinische Festungen an den nordwestlichen Landesgrenzen – in einem stetigen Crescendo im endgültigen Sieg des Islam kulminiert. Kurz darauf (im Ramadan des Jahres 2 nach der Hidjra bzw. im März 624) trommelt Mohammed ein kleines Heer von etwa 300 Mann zusammen. Er selbst übernimmt die

Akhtab und Ashraf, zwei hoch gestellte Persönlichkeiten aus der jüdischen Sippe der Banu Qainuqa, begaben sich damals nach Mekka, um sich mit den Koraisch gegen Mohammed zu verbünden. Zum Beweis ihrer Aufrichtigkeit forderten die Mekkaner, sie sollten vor den Götzen Djibt und Taghut niederknien, und sie schickten sich eiligst an, dieser Aufforderung Folge zu leisten. Hierzu der Koran: Hast du nicht jene gesehen, die einen Anteil an der Schrift erhalten haben? Sie glauben an den Dschibt und die Götzen und sagen hinsichtlich derer, die ungläubig sind: ‚Die da sind eher auf dem rechten Weg als die Gläubigen (d. h. die Muslime)'. (Sure 4,52)

Linke Seite: Die Ankunft des Propheten in Medina; Miniatur aus Lahore (Pandschab), um 1800.

Oben: Medina, eines der ältesten Häuser der Stadt. Rechts: Ruine einer Feste der Banu Quainuqa bei Medina.

Führung bei einem Angriff auf eine mekkanische Karawane, die aus Syrien kommend von Abu Sufyan angeführt wird und ihm zahlenmäßig weit überlegen ist: Etwa 950 bewaffnete Männer stehen unter dem Befehl von Abu Djahal, ein Gefährte aus Mohammeds Kindheitstagen. Abu Djahal wurde 570 geboren und nach dem Tod von al-Walid Ibn al-Mughira als Oberhaupt der Makhzum eingesetzt. In dieser Funktion hatte er die Haschimiten gegen die ersten Muslime aufgehetzt. Der Kampf findet bei Badr Hunayn, südwestlich von Medina, statt. Die Schlacht fordert das

Oben: Verherrlichung des Helden in der Schlacht; Miniatur aus Tabriz (um 1345), Museum of Fine Arts, Boston.
Links: Ein Grabmal am Ort der Schlacht von Badr.

Rechte Seite: Der Prophet Mohammed stellt sich den zahlenmäßig überlegenen feindlichen Truppen; türkische Miniatur aus dem 18. Jh., Bibliothek des Topkapı Sarayi Müzesi, Istanbul.

Leben von rund 70 Koraisch, darunter auch Abu Djahal, während auf muslimischer Seite nur 15 Tote zu beklagen sind. Die Sieger kehren mit einer Vielzahl von Gefangenen und einer stattlichen Beute nach Medina zurück, die unter den Muslimen aufgeteilt wird. Einige Jahre später wird die Mutter von Abu Djahal zum Islam übertreten; sie stirbt um 636.

Durch den Sieg von Badr steigt natürlich Mohammeds Ansehen. Zurück in Medina stellt er die jüdische Sippe der Banu Qainuqa aufgrund ihrer Absprachen mit den Mekkanern vor die Wahl, entweder zu konvertieren oder die Stadt zu verlassen. Dieser Vorschlag stößt auf Ablehnung und am 1. April 624 greift Mohammed mit 100 Mann ihre Festung an. Nach zwei Wochen gibt sich die Sippe geschlagen: Man lässt sie ziehen; jeweils zwei Familien dürfen so viel Hab und Gut mitnehmen, als ein Kamel zu tragen vermag. Die Banu Qainuqa fliehen nach Syrien, mit Ausnahme von zwei Familien, die es vorziehen, nach Chaibar zu emigrieren, und einer Frau, die den Propheten heiratet. Mohammed ist inzwischen 54 Jahre alt und mit zehn Frauen verheiratet, davon fünf aus dem Stamm der Koraisch, eine jüdische Chaibar, eine Hilal, eine Asad sowie eine aus dem Stamme der al-Mustaliq. Später heiratet er Maria, eine Koptin. Von diesen Frauen war nur die Jüngste, Aischa Bint

Abu Bakr, weder verwitwet noch geschieden. Zu einem späteren Zeitpunkt wird noch näher darauf eingegangen, wie das islamische Gesetz die Lebensumstände der Frauen und ihre Stellung in der Ehe im Gegensatz zu den Sitten der Djahiliya (Barbarei, religiöse Unwissenheit, Gesetzlosigkeit; Bezeichnung für die vorislamische Zeit) tief greifend veränderte, indem die Anzahl der Ehefrauen auf maximal vier begrenzt und vorzugsweise zur Monogamie aufgerufen wurde. Es mag deshalb befremden, dass Mohammed eine stattliche Anzahl von Frauen hatte. Dieser Umstand erklärt sich durch die Notwendigkeit, mit den arabischen Stämmen mittels Heirat Blutsbande zu knüpfen oder den Witwen der verehrten, aber verarmten islamischen „Märtyrer" ein „Dach über dem Kopf und Schutz" zu gewähren. Außerdem gilt zu bedenken, dass Mohammed zu Lebzeiten Chadidjas keine anderen Frauen hatte. Im Übrigen sagte er selbst: „Wenn ein Ehemann mit Liebe auf seine Ehefrau blickt und die Ehefrau mit Liebe zu ihrem Ehemann aufblickt, dann blickt Gott auf beide mit Liebe herab." Man hat diesen Hadith im Laufe der Jahrhunderte als Aufforderung zur Monogamie verstanden. Jener Vers, der die Anzahl der

Muslim

Muslim ist das aktive Partizip des Prädikats im 4. Fall, gebildet aus dem Wortstamm S-L-M, in der Bedeutung von „Hingabe", das heißt, sich dem Willen Gottes unterwerfen. Aus der „Deklination" des Stammes ergeben sich unter anderem: muSLiM (Muslim, der sich Hingebende); iSLaM (Substantiv zur Bezeichnung des islamischen Glaubens); SaLaM (der Friede) und die daraus hervorgehende Grußformel der Muslime: salam 'alaikum (Friede sei mit dir), auf das man antwortet: wa 'alaikum salam; SaLM: Rettung, Heil; taSLiM: die Bekräftigung, sich dem Willen Gottes zu unterwerfen, rituelle Anrufung.

Frauen auf vier begrenzt und der Monogamie den Vorzug gibt, folgte erst später: Und wenn ihr fürchtet, in Sachen der Waisen nicht recht zu tun, dann heiratet, was euch an Frauen gut ansteht, zwei, drei oder vier. Wenn ihr aber fürchtet, nicht gerecht zu handeln, dann (nur) eine, oder was ihr (an Sklavinnen) besitzt. (Sure 4,3)

Es handelt sich per definitionem um eine Anweisung zur Erziehung adoptierter Waisenkinder, falls eine einzige Frau dazu nicht genügt. Bleibt der Umstand, dass dies keineswegs ein erklärter Freibrief war, wie manche Autoren behauptet haben, sondern eine Einschränkung der Polygamie bedeutete, die weder das Alte noch das Neue Testament abgeschafft hatten. Selbst Luther, Bucer, Melanchthon und andere hielten unter Berufung auf Matthäus 25,1–12 die Polygamie im Christentum für rechtmäßig. Ferner ist es geschichtlich verbrieft, dass zu Zeiten Karls des Großen sogar christliche Priester die Polygamie praktizierten. Die Anhänger Zarathustras und die Hindu beispielsweise kennen hierzu bis heute keine Einschränkung. Da die Frauen des Propheten zum Teil sehr charakterstark waren und der Islam ihnen Freiheiten einräumte, die sie zuvor nicht gekannt hatten, konnte Mohammeds familiäre Ménage wiederum nicht allein der Entspannung dienen. Jedenfalls bot ihnen der Prophet an, mit einer üppigen Morgengabe ihres Weges zu ziehen, doch das lehnten sie ab. Der Koran sagt hierzu: Prophet! Sag zu deinen Gattinnen: Wenn euch der Sinn nach dem diesseitigen Leben und seinem Flitter steht, dann kommt her, damit ich euch ausstatte und auf eine ordentliche Weise freigebe! (Sure 33,28–37)

Links: Die arabische Kavallerie feiert einen Sieg; Miniatur von Yahia al-Wasiti für die Makame-Dichtung von al-Hariri (1273), Nationalbibliothek, Paris.

Rechte Seite, oben: Der Siegesengel; seldschukische Skulptur, 13. Jh., Medrese Ince Minare, Konya (Türkei). Unten: Am Ort der Schlacht von Uhud.

Die Niederlage von Uhud

In dieser Zeit schließt Mohammed erste Allianzen mit Beduinenstämmen (die als äußerst wankelmütig galten und deren Arglist er am meisten zu fürchten hatte, wie der Koran mehrmals wiederholt) und lässt sich hier und da auf ein kleines Scharmützel mit den Karawanen aus Mekka ein. Die Koraisch beschließen, diesem Treiben ein Ende zu bereiten und stellen unter der Leitung von Abu Sufyan ein Heer von 3.000 Soldaten auf, das sie in einigem Abstand einer mit Kostbarkeiten beladenen Karawane folgen lassen. Als die Muslime diese Karawane in Uhud überfallen, greifen die Koraisch, vorgewarnt durch die Banu Nadir, einem jüdischen Stamm aus Mekka, unvermittelt an. Lange zeichnet sich keine Entscheidung der Schlacht ab und als sich das Blatt schließlich zugunsten der Muslime zu wenden scheint, verlassen die Bogenschützen, die Mohammed Seitendeckung geben sollen, ihre Stellung, um die Flucht eines Teils der Karawane zu vereiteln. Überdies verbreitet sich die Nachricht vom Tode des Propheten. Der Koraisch Chalid Ibn al-Walid weiß dies zu seinem Vorteil zu nutzen und gewinnt rasch die Oberhand.

Damit ist die Niederlage besiegelt (unter den Gefallenen befindet sich auch Mohammeds Onkel Hamza), allerdings können die Mekkaner den Trumpf nicht ganz ausspielen, denn den Besiegten gelingt der Rückzug nach Medina ohne größere Verluste. Der Koran (Sure 3,140–144; 165–171) macht jenen Deserteuren und Heuchlern Vorhaltungen, die sich den Befehlen und Anweisungen Mohammeds widersetzten oder gar nicht erst in den Krieg zogen. Zudem vermindert der Prophet die Schmach der Niederlage, indem er die Banu Nadir belagert, die versucht hatten, ihn zu töten. Verschanzt in ihren gut befestigten Behausungen,

halten sie den Angriffen einige Wochen stand, dann geben sie sich geschlagen und wandern teils nach Chaibar, teils in den Norden ab.

Der Koran hierzu: Er ist es, der diejenigen von den Leuten der Schrift, die ungläubig sind, aus ihren Wohnungen vertrieben hat, zur ersten Versammlung. Ihr glaubtet nicht, dass sie wegziehen würden. Und sie meinten, ihre Befestigungen würden sie vor Gott schützen. Da kam Gott über sie, ohne dass sie damit rechneten, und jagte ihnen Schrecken ein, worauf sie eigenhändig und mit Hilfe der Gläubigen ihre Häuser zerstörten. (Sure 59,2)

Im darauf folgenden Jahr – das Jahr 5 nach der Hidjra (626–627) – bildeten jüdische Banu Quraiza aus Medina, Koraisch und einige kriegerische Beduinenstämme eine Koalition und stellten ein Heer von etwa 10.000 Mann auf, das obendrein auf die Unterstützung der Heuchler (munafiqun) in Medina zählen konnte. Mohammed gelang die Bewaffnung von etwa 3.000 Muslimen. Dann ließ er an den ungesicherten Stellen des Stadtgürtels einen Graben ausheben, was damals in diesen Gebieten ein Novum war. Möglicherweise geschah dies auf Anregung eines freien Sklaven aus Persien, der zum Islam übergetreten war: Salman Pak, genannt al-Farisi (der Perser).

Die Muslime traten dem Feind nicht entgegen, sondern beschränkten sich auf die Abwehr der Angriffe. Nach einer gewissen Zeit hatten ein eisiger Wind, der Mangel an Lebensmitteln und interne Querelen die Moral der Belage-

rer derart geschwächt, dass sie das Feld unter der Schmach der moralischen Niederlage räumten. Dies war gewiss eine der entscheidendsten Schicksalsstunden für den Islam, über die der Koran umfassend berichtet (Sure 33,9–25).

Nach dem Abzug der Belagerer erklärt Mohammed dem letzten jüdischen Stamm den Krieg: Die Banu Quraiza hatten die Koalition gegen ihn in die Wege geleitet, sie zum Teil finanziert und versucht, zwischen den Muslimen in Medina Zwietracht zu säen. Nach 25 Tagen der Belagerung müssen die Banu Quraiza kapitulieren. Mohammed überlässt ihnen die Wahl des Richters (Sa'd Ibn Mu'ad aus der Sippe der Aus). Dieser wendet auf sie nicht das islamische, sondern das jüdische Recht an (Deuteronomium 20,10–17): „Wenn du vor eine Stadt ziehst, um sie anzugreifen, dann sollst du ihr zunächst eine friedliche Einigung vorschlagen. Nimmt sie die friedliche Einigung an und öffnet dir die Tore, dann soll die gesamte Bevölkerung, die du dort vorfindest, zum Frondienst verpflichtet und dir untertan sein. Lehnt sie eine friedliche Einigung mit dir ab und will sich mit dir im Kampf messen, dann darfst du sie belagern. Wenn der Herr, dein Gott, sie in deine Gewalt gibt, sollst du alle männlichen Personen mit scharfem Schwert erschlagen. Die Frauen aber, die Kinder und Greise, das Vieh und alles, was sich sonst in der Stadt befindet, alles, was sich darin plündern lässt, darfst du dir als Beute nehmen. [...] Aus den Städten dieser Völker jedoch, die der Herr, dein Gott, dir als Erbbesitz gibt, darfst du nichts, was Atem hat, am Leben lassen. Vielmehr sollst du die Hetiter und Amoriter, Kanaaniter und Perisiter, Hiwiter und Jebusiter der Vernichtung weihen, so wie es der Herr, dein Gott, dir zur Pflicht gemacht hat."

Und der Koran: Und er ließ diejenigen von den Leuten der Schrift, die sie (die Ungläubigen) unterstützt hatten, aus ihren Burgen herunterkommen und jagte ihnen Schrecken ein, so dass ihr sie zum Teil töten, zum Teil gefangen nehmen konntet. (Sure 33,26)

Linke Seite, oben: Eine naive Miniatur im Gedenken an die Niederlage von Uhud. Unten: Zwei Seiten aus dem „Buch der Kriegswissenschaften" von Ya'qub Ibn Khazzam (14. Jh.), Akademie der Wissenschaften, St. Petersburg.
Oben: Eine Festung der Banu Quraiza in der Umgebung von Medina.

Links: Auf Mohammeds Geheiß fällt Ali einen von den Bewohnern Mekkas angebeteten Baum. Unten: Gabriel demonstriert dem Propheten Alis Heldenmut; Miniatur aus Shiraz (um 1480), Museum für dekorative Kunst, Teheran.

Rechte Seite: Der Bau der ersten Moschee in Medina (sehr wahrscheinlich wurde so auch die „Gegenmoschee“ errichtet); türkische Miniatur aus dem 18. Jh., Bibliothek des Topkapı Sarayi Müzesi, Istanbul.

Die tragische Geschichte von Aischa

Der Prophet ist nun in Medina sicher und verlegt sich auf eine lange Folge von Feldzügen gen Norden, unter anderem gegen die Banu Lihyan, mit denen er eine Einigung erzielt, und gegen die Banu al-Mustaliq, in deren Verlauf es zu einem folgenschweren Ereignis kommt. Auf der Rückkehr von diesem Feldzug legen die Muslime eine Rast in der Wüste ein. Die 15-jährige Frau des Propheten, Aischa Bint Abu Bakr, entfernt sich stillschweigend vom Lager, um eine Perlenkette zu suchen, die sie kurz zuvor verloren hatte. Doch schon bricht der Zug wieder auf, und man wähnt Aischa in ihrer Sänfte. Als sie zum Rastplatz zurückkehrt, verharrt sie dort eine ganze Nacht in der Hoffnung, dass man sie abholen werde. Am nächsten Morgen kommt der Jüngling Sufian Ibn Unattil vorbei, sieht sie und bringt sie auf seinem Kamel nach Medina zurück.

Für Mohammeds Feinde war das eine einmalige Gelegenheit für eine breit angelegte Hetzkampagne, in der die junge Frau – bar jeder Schuld – als Ehebrecherin hingestellt wurde. Der Drahtzieher dieser Verleumdungen war

Ibn Ubayy, jener Mann, der ursprünglich Statthalter von Medina werden sollte, aber dem Mohammed zuvorgekommen war. In gewisser Weise distanzierte sich denn auch der Prophet von seiner Frau, die es vorzog, zu ihrer Mutter zurückzukehren. Ali, der Vetter und Schwager des Propheten, legte Mohammed sogar nahe, Aischa zu verstoßen. Doch just in diesem Moment wurden die Verse „herabgesandt", die Aischa über jeden Zweifel erhaben machten (Sure 24,11–20) und die Gesetzesregeln für den Fall einer Beschuldigung wegen Ehebruchs festlegten (Sure 24,4–5). Fatalerweise hatte dieser Vorfall negative Auswirkungen auf den Islam. Aischa verzieh Ali niemals dessen Vorschlag und schürte fortan ihren Hass gegen ihn, der nach Mohammeds Tod in einer Reihe blutiger Fehden voll zum Ausbruch kam: die Ermordung des dritten Kalifen Othman im Jahr 656; die Schlacht gegen Alis Gefolgschaft am 9. Dezember 656, die als „Kamelschlacht" in die Annalen einging, da Aischa sie auf einem Dromedar sitzend verfolgte; schließlich Alis Ermordung im Jahr 661, die zur politischen Spaltung der Muslime in Sunniten und Schiiten führte. Daran wird jedenfalls die unterschwellig feindselige Stimmung deutlich, mit der Mohammed selbst in seinem engsten Kreis rechnen musste, und das bestätigen auch andere Fakten. Nasr Ibn Harith setzte sich mit einigen Militärposten ab; Abd Allah Ibn Sa'd, einer der Sekretäre des Propheten und Protegé von Othman, verärgerte Mohammed durch seine Taktlosigkeit und floh anschließend nach Mekka, wo er eine wilde Verleumdungskampagne gegen die Muslime vom Zaun brach und versicherte, dass er ebenso gut selbst einen Koran verfassen könne. Später wurde ihm das nachgesehen und er entwickelte sich gar zu einem fähigen General und Staatsmann. Der vielleicht gravierendste Vorfall ereignete sich allerdings, als sich Mohammed auf dem Siegeszug von Tabuk (630, Jahr 9 nach der Hidjra) befand. Auf Betreiben des Mönchs Abu Amir (der den Propheten bereits durch eine mit Zweigen getarnte Grube in die Falle zu locken versucht hatte) wurde in Medina eine „Gegenmoschee" eröffnet. Als der Prophet auf dem Rückweg während einer Rast in Awan davon erfuhr, entsandte er eine Gruppe von Gläubigen, um diese zu zerstören. Der Koran hierzu: Und diejenigen, die sich eine Kultstätte gemacht haben, um zu schikanieren, dem Unglauben zu frönen und unter den Gläubigen ein Zerwürfnis hervorzurufen, und als Stützpunkt für Leute, die früher gegen Gott und seinen Gesandten Krieg geführt haben – und sie schwören bestimmt, dass sie es in bester Absicht getan haben. Aber Gott bezeugt, dass sie lügen. (Sure 9,107)

Im März 628 (dhu al-qada im Jahr 6) bricht Mohammed mit einer Gruppe von Gläubigen von Medina nach Mekka auf, in der Absicht, dort die „kleine Wallfahrt" zu begehen. In Hudaibiya wird das Lager aufgeschlagen und den Koraisch durch Othman das Gesuch um freien Zutritt in die Stadt übermittelt. Othmans Rückkehr verzögert sich und schon befürchten die Gefährten, er sei ermordet worden. Der Prophet schwört sie unter einem Baum darauf ein, ihn bis zum Äußersten zu unterstützen, doch da kehrt der

Mittelsmann mit einem Angebot zurück: Die Koraisch verweigern der Gruppe dieses Mal den Zutritt in die Heilige Stadt, genehmigen jedoch die „kleine Wallfahrt“ im darauf folgenden Jahr. Als Gegenleistung erhofft man sich einen zehnjährigen Waffenstillstand: zehn Jahre, in denen die Muslime vertraglich keine Karawanen der Koraisch angreifen dürfen. Trotz heftiger Proteste seiner Gefährten, die lauthals den Krieg fordern, lässt sich Mohammed darauf ein und verrichtet in Hudaibiya die Opfer der Wallfahrt. Er vollbringt hier eine diplomatische Meisterleistung, die sich noch vielfältig positiv auswirken sollte und wichtig ist, um die Figur Mohammed, seine Seelengröße und seinen Charakter auch vollständig zu verstehen. Der hartnäckigen Unbeugsamkeit der Mekkaner und der fanatischen Unduldsamkeit vieler seiner Anhänger, die den Koraisch am liebsten sofort den Krieg erklärt hätten, begegnet er mit Diplomatie und Ausgewogenheit, Besonnenheit und Geduld. Dann kehrt er nach Medina zurück. Die späteren Ereignisse sollten beweisen, wie Recht er damit hatte.

Vorerst erobert er jedoch (im Mai 628) die reiche jüdische Oase Chaibar, dann Wadi al-Qura, und führt dort die „Kopfsteuer“ (djizya) ein: eine Steuer für alle Andersgläubigen, die auf muslimischem Gebiet leben möchten, ohne dem Islam beizutreten. Diese unter der Abbasidenherrschaft noch weiter differenzierte Steuer bestand aus einem festen Satz, den alle Erwachsenen, mit Ausnahme von Gebrechlichen, Frauen, Sklaven, Bettlern und Unzurechnungsfähigen zu Beginn eines jeden Mondjahres entrichten mussten. Davon befreit waren Ausländer, die sich weniger als ein Jahr in einem islamischen Land aufhielten, ebenso wie die für militärische Feldzüge herangezogenen Grenzgänger, selbst wenn diese Nicht-Muslime waren. Ähnlich der Zakat der Muslime diente sie zur Finanzierung der Renten, der Wohlfahrt und der frommen Werke.

Links: Der Prophet heilt eine verletzte Hirschkuh; türkische Miniatur, 18. Jh., Bibliothek des Topkapı Sarayi Müzesi, Istanbul.
Rechte Seite, oben: Einer der Riegel, welche die Tür der Kaaba in Mekka verschlossen; Tauschierarbeit aus Eisen, 15. Jh.
Unten: Steinwurf gegen die den Teufel symbolisierende Stele während der Großen Wallfahrt in Mekka.

Die friedliche Eroberung von Mekka

Am 7. März 629 (Jahr 7 nach der Hidjra) begibt sich Mohammed gemäß der mit den Koraisch in Hudaibiya ausgehandelten Vereinbarung des Vorjahres auf die „kleine Wallfahrt“. Mit 2.000 Menschen im Gefolge zieht er in Mekka ein, das man ihm für drei Tage fast menschenleer überlässt. Der Farbige Bilal Ibn Rabah steigt als erster Muezzin (mu'adhdhin) des Islam auf das Dach der Kaaba und ruft die Gläubigen zum Gebet auf. Mohammed nutzt

die Gelegenheit für Gespräche mit einigen Honoratioren und bekehrt sie zu seinem Glauben – darunter der General Amr Ibn al-As und vor allem Chalid Ibn al-Walid, später einer der großen Eroberer des Islam. Der Prophet heiratet die Schwägerin von Abbas und ersucht wegen der Hochzeitsfeierlichkeiten um Verlängerung seines Aufenthaltes, doch die Koraisch lehnen ab.

Zurück in Medina bereitet der Prophet einen Feldzug mit 3.000 Mann gegen die Byzantiner in Jordanien vor; doch dieses Mal erleiden die Muslime in Mu'ta, südlich von Kerak, eine blutige Niederlage. Dabei sterben Dja'far Ibn Abi Talib und Mohammeds Adoptivsohn Zaid Ibn Harith, Kommandant einer Untereinheit mit 300 Mann. Die Niederlage der Araber schilderte Theophanes, der Konfessor, (758–818) in seiner „Chronographie“ (I, 335), damit werden die Muslime zum ersten Mal außerhalb der Arabischen Halbinsel geschichtlich erwähnt. Dessen ungeachtet erkennen viele arabische Stämme gerade durch diesen Feldzug, dass der Übertritt zum Islam von Nutzen sein kann; zu den neuen Verbündeten gehört auch der wichtige Stamm der Sulaym. Unterdessen bekommt die oppositionelle Partei in Mekka Aufwind, begeht jedoch durch ihre tatkräftige Unterstützung der Sippe der Bakr gegen die Sippe der Khuz'a, Mohammeds Verbündete, einen Fehler. Das entspricht nach damaligem Brauch einem Vertragsbruch der Vereinbarung von Hudaibiya. Im Monat des Ramadan im Jahr 8 nach der Hidjra (Dezember 629 – Januar 630) zieht Mohammed mit zehntausend Gläubigen – Muhadjirun, Ansar und Beduinen – von Medina nach Mekka, mit dem erklärten Ziel, dort nichts als die Wallfahrt begehen zu wollen. Doch die Mekkaner befürchten das Schlimmste, ohnedies sind sie fast gänzlich isoliert und machtlos, und ziehen daher den diplomatischen Weg vor. Sie entsenden Abu Sufyan, der mit Mohammed eine Rahmenvereinbarung aushandeln soll. Im Grunde bedeutet

das einen Sieg ohne Blutvergießen. Als Mohammed die Kaaba erreicht, findet er dort alle Familienoberhäupter der Koraisch versammelt und hält vor ihnen eine Ansprache: keine Schikanen, keine Rache, Generalamnestie mit geringen Ausnahmen, vor allem aber die Bestätigung der großen Familien in ihrem Rang und ihrer Eigenschaft als Wächter der Heiligen Stadt, eine Funktion, die Mekka gleichzeitig mit dem Islam übernimmt, während der Sitz des Propheten weiterhin in der politischen Hauptstadt Medina bleibt. Danach werden alle Götzenbilder zerstört. Doch kurz darauf zeichnet sich eine neue Gefahr ab: Im Landesinneren rotten sich die Hawazin-Beduinen (Banu Said, Banu Bakr, Banu Hilal, Banu Sulayman) zusammen, die stärkste und gefährlichste Beduinenfraktion im Umkreis der Heiligen Stadt. Den Koraisch, bis auf wenige sporadische Ausnahmen, seit jeher feindlich gesinnt, hatten sie nun beschlossen, gegen Medina und Mohammed zu Felde zu ziehen, der seinerseits seine Truppen rüstete. Mekkas Oberhaupt Abu Sufyan stellte die Waffen und am 26. Januar 630 setzte sich die 12.000 bis 16.000 Mann star-

Oben: Die Kaaba während der Großen Wallfahrt in die Heilige Stadt Mekka – vor 80 Jahren (oben) und heute (unten).

Rechte Seite: Der sassanidische Herrscher Jesdgerd liest ein an ihn gerichtetes Schreiben des Propheten; iranische Miniatur, Nationalbibliothek, Paris.

ke muslimische Armee Richtung Hunayn-Tal in Marsch. Vier Tage später begann die Schlacht. Anfangs waren die Beduinen im Vorteil, da sich einige Verbündete des Propheten vor dem Zusammenstoß gedrückt und das Weite gesucht hatten. Mohammed rief daraufhin: „Eilt herbei Ansar, zu mir, ihr Eidgenossen des Baumes von Hudaibiya! Ich bin der Prophet, der Wahrhaftige, der Sohn von Abd al-Muttalib!" Die abtrünnigen Muslime kehrten um und riefen „labbaika" (zu Deinen Diensten) – damit war die siegreiche Entscheidung gefallen. Zur Beute gehörten 24.000 Kamele und Schafe sowie zahlreiche Gefangene. Viele Hawazin konvertierten daraufhin zum Islam, und die Gefangenen wurden frei gelassen.

Anschließend ließ der Prophet die gut befestigte Oasengruppe Taif belagern, ein langes und ergebnisloses Unterfangen. Erst im darauf folgenden Jahr, als er den großen Sieg über Tabuk mit etwa 30.000 Mann für sich verbuchen konnte, beugte sich die Siedlung Taif dem Islam. Während des etwa zehntägigen Aufenthalts des Propheten in Tabuk unterwarfen sich viele jüdische und christliche Oasen und Städte im Norden, darunter die Hafenstadt Makna, die Stadt Adhruh und der christliche Fürst Yuhanna von Ayla. Derweil eroberte General Chalid Ibn al-Walid die strategisch wichtige Festung Dumat al-Jandal, eine Oase an der Verbindungsstraße zwischen Medina und Damaskus, an der bereits zuvor zwei muslimische Vorstöße gescheitert waren.

Mohammed hatte das „Wunder" vollbracht, an das keiner zu glauben gewagt hatte. Bis dato hatten sich die kriegerischen Stämme Arabiens in nicht enden wollenden Blutfehden, Racheakten und fortwährenden Kriegen bekämpft, die in satirischen Poemen besungen wurden und die Gemüter stets aufs Neue erregten. Nun zeichnete sich dagegen eine umma ab, eine Verbrüderung aller muslimischen Völker, deren einziges Unterscheidungsmerkmal darin bestand, ob sie gute oder schlechte Gläubige waren. Immer weitere Stämme aus dem Zentrum, Süden und Norden der Halbinsel traten dem Islam bei, darunter auch die Gruppe der Amir Ibn Sa'sa'a, einzelne Fraktionen der großen Stämme der Tamim, Asad und weiter nördlich der Bakr und Taghlib. Selbst einige Gebiete im Einflussbereich des Iran wie Bahrain und Oman sowie einige kleine Fürstenhäuser Südarabiens nahmen Mohammeds Religion an. Das Bündnis und die Einheit aller arabischen Volksgruppen wurde von Tag zu Tag stärker, während der Koran den Respekt vor Fremden, Andersartigen und dem fremden Eigentum lehrte, der den Arabern zuvor völlig fremd gewesen war.

Der Tod des Propheten

Im Jahr 9 nach der Hidjra (630/631) schickte die christliche Bevölkerung von Najran eine Delegation von rund 60 „Literaten“ unter Leitung des Bischofs Abu Harita Ibn Alama zu Mohammed. Der Prophet gestattete ihnen, die heilige Messe in seiner Moschee zu feiern, und im Anschluss daran diskutierte er mit ihnen über das Wesen von Christi. Die Delegation konstatierte, dass der Islam dieselbe monophysitische Position wie der Archimandrit Eutyches (um 378–454) von Konstantinopel vertrat, die bereits das Konzil von Chalcedon im Jahre 451 verurteilt hatte – doch letztlich beharrte jeder auf seinem Standpunkt.

Mohammed schlug daraufhin ein Gottesurteil (mubahala) vor: Und wenn nun nach dem Wissen, das dir (von Gott her) zugekommen ist [die Stelle bezieht sich auf Jesus, dessen Geschichte von Marias Rückzug in die Einsamkeit bis zu seiner Geburt in den vorherigen Versen erzählt wird (Sure 3,35–60)], welche mit dir darüber streiten, dann sag! ‚Kommt her! Wir wollen unsere und eure Söhne, unsere und eure Frauen und uns und euch selber rufen und hierauf einen Eid leisten und den Fluch Gottes auf diejenigen kommen lassen, die lügen'. (Sure 3,61)

Ein solches Ordal, bei dem die Kontrahenten gegenseitig den göttlichen Fluch und den Tod für denjenigen herbeirufen, der etwas Falsches behauptet hat, war zur damaligen Zeit ein weit verbreiteter Brauch. Mohammed begab sich mit seinen Enkelkindern Hasan und Husain an der Hand an den für die Prüfung auserwählten Ort; ihm folgten die Tochter Fatima und der Schwiegersohn Ali. Er war in eine schwarze Tunika aus Ziegenfell mit Seidenlitzen gekleidet. Am vereinbarten Ort angekommen, wollten die Christen lieber eine Kopfsteuer zahlen und dafür Religionsfreiheit und die Achtung ihrer Person gewährleistet wissen. Damit waren sie die ersten dhimmi: Nicht-Muslime, denen der Islam auf seinem Territorium gegen eine jährliche Steuerzahlung Religionsfreiheit einräumte (oder zumindest einräumen müsste, nimmt man die Scharia, das

Oben: Der Tod des Propheten.
Rechte Seite: Die Grabstätte des Propheten Mohammed in Medina; irakische Miniatur, 16. Jh.

Unten: Die letzte Predigt des Propheten in Medina; türkische Miniatur aus dem 18. Jh., Bibliothek des Topkapı Sarayi Müzesi, Istanbul.

الله نور السموات والأرض مثل نوره كمشكوة فيها مصباح المصباح في زجاجة
كوكب دري يوقد من شجرة مباركة زيتونة لا شرقية ولا غربية
ولو لم تمسسه نار نور على نور يهدي الله لنوره
يضرب الله الأمثال للناس والله بكل شيء
لا إله إلا الله محمد رسول الله
وآمنوا بما نزل على محمد وهو الحق من ربهم

islamische Religionsgesetz, beim Wort). Darin stimmt auch der Koran überein: Diejenigen, die glauben (d.h. die Muslime) und diejenigen, die dem Judentum angehören, und die Christen und die Sabier, – (alle) die, die an Gott und den jüngsten Tag glauben und tun, was recht ist, denen steht bei ihrem Herrn ihr Lohn zu, und sie brauchen keine Angst zu haben, und sie werden (nach der Abrechnung am jüngsten Tag) nicht traurig sein. (Suren 2,62; 5,69; 22,17)

Indes gibt es unter den frisch konvertierten Muslimen erste Anzeichen für einen Aufstand, da der neue Staat Steuerzahlungen von allen fordert. Für die jeweiligen Sippen ist dies inakzeptabel, denn aufgrund der anarchischen Stammesstrukturen beruht ihr Selbstverständnis seit Jahrhunderten auf Unabhängigkeit. Das arabische Wort für Steuer, djizya, geht auf den gleichen Stamm wie das Wort „Bestrafung" zurück und hat in der männlichen Form die Bedeutung von „Verderben, Strafe"; man wird deshalb den Begriff zakat (gesetzliche Almosengabe im Sinne einer Verpflichtung der Glaubensgemeinschaft) einführen.

Die nun zu beträchtlichem Reichtum gelangte Stadt Medina wirft dem Propheten vor, er gäbe den Koraisch den Vorzug und begünstige sie bei der Verteilung der Beute, obschon Mohammed Mekka nicht zur Hauptstadt des neuen Staates erklärt hatte.

Im Monat des dhu l-hidjdja des Jahres 10 nach der Hidjra (Februar/März 632) begeht Mohammed seine letzte Wallfahrt nach Mekka im Beisein von 140.000 Muslimen. Si Hamza Boubakeur hierzu: „In der Predigt fordert er wiederholt, sich dem einen Gott zu unterwerfen; er betont die Wahrung der Rechte der Frauen, die menschliche Verbrüderung, die Gleichheit aller Menschen, die sich einzig durch ihre Verdienste, Tugenden und ihren Glauben unterscheiden; er verurteilt jede Form von Rassismus, Wucher und Unterschlagung. Der Koran wird zum unantastbaren und unvergänglichen Nachlass erklärt, als Zeugnis der göttlichen Barmherzigkeit für alle Menschen."

Im Anschluss daran liest Mohammed aus der 5. Sure vor: Heute habe ich euch eure Religion vervollständigt und meine Gnade an euch vollendet, und ich bin damit zufrieden, dass ihr den Islam als Religion habt. – Und wenn einer aus Hunger sich in einer Zwangslage befindet, ohne sich

Linke Seite: Eine Trauerszene; Miniatur von Behzad, Herat (1494), British Museum, London.

Rechts: Ein Gleichnis von Jesu über den Tod; aus dem „Khamsa" von Nizami, Shiraz (1508); Nationalbibliothek St. Petersburg.
Unten: Typischer Volksbrauch, bei dem man sich beim Besuch einer Grabstätte ein Stück der Kleidung abreißt und es an einen Baum bindet; Grabstätte von Agi Bektasch, Kappadokien (Türkei).

einer Sünde zuzuneigen, so ist Gott barmherzig und bereit zu vergeben. (Sure 5,3)

Die 110. Sure wird auf ihn „herabgesandt", deren Verse gemeinhin als klare Anspielung auf seinen bevorstehenden Tod verstanden werden: Wenn die Hilfe Gottes kommt und der Erfolg, und wenn du siehst, dass die Menschen in

Scharen der Religion Gottes beitreten, dann lobpreise deinen Herrn und bitte ihn um Vergebung! Er ist gnädig (und bereit, dir deine Sünden zu vergeben). (Sure 110,1–3)

Man darf sagen, seine Mission ist erfüllt. Er kehrt in sein Haus nach Medina zurück, wo er am 13. rabi' des Jahres 11 nach der Hidjra (8. Juni 632) in den frühen Nachmittagsstunden stirbt. Seine letzten Worte hat Tochter Fatima festgehalten: „Für mich hat die Marter ein Ende. Gott, ja: mit dem erhabenen Begleiter." Omar möchte den Tod geheim halten. Abu Bakr spricht dagegen beim Gebet zu den Gläubigen und beginnt seine Rede mit diesen Worten des Korans: Und Mohammed ist nur ein Gesandter. Vor ihm hat es schon (verschiedene andere) Gesandte gegeben. Werdet ihr denn eine Kehrtwendung vollziehen, wenn er stirbt oder getötet wird? Wer kehrt macht, wird Gott keinen Schaden zufügen. Aber Gott wird denen vergelten, die dankbar sind. Keiner kann sterben außer mit Gottes Erlaubnis und nach einer befristeten Vorherbestimmung... (Sure 3,144-145)

Die fünf Grundpfeiler des Islam (*arkan ad-din*)

Fünf göttliche Vorhersehungen (fara'idh) kennzeichnen den Islam.

1. Das Glaubensbekenntnis (shahada): Der Gläubige ist gehalten, seinen Glauben an Gott durch das Aussprechen einer Formel zu bezeugen: La ilaha illa 'Llah, wa-Muhammad rasul Allah – „es gibt keine Gottheit außer Gott, und Mohammed ist sein Gesandter (Prophet)". Wer diese Formel im Beisein von zwei muslimischen Zeugen spricht, wird zum Muslim.
2. Die kanonischen Gebete (salat, Plural: salawat), fünfmal täglich: in der Morgendämmerung vor Sonnenaufgang (subh); mittags, nachdem die Sonne den Zenit überschritten hat (zuhr); spätnachmittags ('asr); bei Sonnenuntergang (maghrib); nach Einbruch der Nacht ('isha'). Sie sind nach der rituellen Waschung – sofern erforderlich – an einem reinen Ort ohne Bildnisse in die Richtung der Kaaba (qibla) zu sprechen.
3. Die gesetzliche Almosengabe (zakat): Es handelt sich um eine jährliche Steuer von geringem Umfang, die der Moschee für die Versorgung der Notleidenden, Invaliden, Witwen und Waisen dient. Auch bedürftige Nicht-Muslime durften diese nutzen.

Unten: Der Innenraum der Eyub-Moschee, Türkei.

DAS GEBET IM ISLAM

1. Vor dem Gebet erfolgt die Waschung (wudu'). Es gibt drei Arten der Waschung: die große (ghusl), die kleine oder gewöhnliche (wudu' asghar) und die trockene Waschung (tayammum).

4. Kniend beugt sich der Gläubige nach vorne und berührt mit Stirn und Händen den Boden. Dabei preist er Gott und bittet ihn um Vergebung.

2. Nachdem der Gläubige seinen Willen zum Beten bekundet hat, hebt er die Hände und spricht „Allahu akbar" und danach die Worte, die der Vorbeter bzw. Imam einer Gebetsversammlung ausspricht (iqama).

5. Danach richtet er sich wieder auf und spricht erlernte Gebetsformeln. Damit ist die erste rak'a abgeschlossen. Er beginnt von vorne; am Ende dieses Durchlaufs spricht er in dieser Haltung spezielle Formeln.

3. Der Gläubige spricht die fatiha, gefolgt von mindestens fünf Koranversen oder einer vollständigen Sure. Zu Beginn jeder Bewegung sagt er „Allahu akbar".

6. Danach wendet der Gläubige sein Gesicht einmal nach rechts und einmal nach links und spricht dabei jeweils die Formel „salam 'alaikum wa ramat allah". Das Gebet ist beendet. Jedes der fünf kanonischen Gebete hat eine ganz spezifische Anzahl von rak'a.

4. Das Fasten im Ramadan (siyam): Von Sonnenaufgang bis Sonnenuntergang verzichtet der Gläubige auf Lebensmittel, Wasser, Tabak, Düfte und Geschlechtsverkehr. Ausgenommen sind nicht geschlechtsreife Kinder, Gebrechliche, Unzurechnungsfähige. Schwangere oder Stillende, Kranke und Reisende dürfen das Fasten zu einem anderen Zeitpunkt nachholen. Die Einnahme von Medikamenten ist erlaubt.

5. Die Pilgerreise nach Mekka (hadjdj): Der volljährige, zurechnungsfähige, freie und körperlich gesunde Gläubige muss sie mindestens einmal in seinem Leben vollziehen (furidha 'ala man istata'a). Davon ausgenommen ist, wer nicht über hinreichend finanzielle Mittel verfügt bzw. für wen diese Ausgaben eine familiäre Belastung darstellen, oder wen die Reise gefährden würde, weil er beispielsweise Gebiete durchqueren müsste, in denen Krieg oder Seuchen herrschen. Das Wallfahrtsritual findet innerhalb der ersten zehn Tage des Monats dhu l-hidjdja statt und umfasst: die Reinwaschung (ihram), das siebenmalige Umlaufen der Kaaba (tawaf), das siebenmalige Hin- und Herlaufen zwischen den Bergen Safa und Marwa, das Verweilen auf dem Berg Arafat (waqfa), das Auflesen von 49 Steinchen in Muzdalifa, das wiederholte Werfen (ramy) der Steine gegen den Pfeiler des Satans und das Darbringen eines Tieropfers in Mina (nahr). Zum Abschied folgt das letztmalige Umlaufen der Kaaba (tawaf al-wada). Die praktische „Wallfahrt per Vollmacht" wird von manchen Islamschulen anerkannt, andere wiederum lehnen sie strikt ab.

Das Wesen des Islam

Die Diener des Barmherzigen sind diejenigen,
die demütig auftreten, [...]
die, wenn sie Spenden geben, weder verschwenderisch noch knauserig sind, [...]
(die) niemand töten, den zu töten Gott verboten hat, [...]
die kein falsches Zeugnis ablegen und, wenn sie Gerede begegnen, vornehm weitergehen, und die, wenn sie mit den Zeichen ihres Herrn gemahnt werden, nicht ihnen gegenüber taub und blind niederfallen (Koran, Sure 25,63–73).

Die vier „rechtgeleiteten" Kalifen

Allem Anschein nach hatte der Prophet Mohammed vorgehabt, seine weltliche Macht (das „Wahl-Kalifat") dem Schwiegersohn Ali Ibn Abi Talib zu übertragen. Doch unter anderem aufgrund von Intrigen und Widerständen seitens Abu Sufyan, Omar Ibn al-Chattab und Aischa, der jungen Witwe Mohammeds, bestimmte eine Versammlung der Ansar und Muhadjirun Abu Bakr zum Nachfolger, dem einige Abtrünnige allerdings vorwerfen, die Nachfolge der Familie des Propheten an sich gerissen beziehungsweise diese zumindest neuen Herrschern zur Disposition gestellt zu haben, anstatt sie dem „Haus" (ahl al-bait) des Mohammed zu übertragen. Damit wurde die als „Kampf gegen die Familie des Propheten" bezeichnete Ära eingeläutet. Abu Bakr, der jede Bestrebung, wieder vom islamischen Gemeinwesen abzufallen (ridda), unterdrückte, herrschte bis zum Jahr 634. Auf Drängen Omars, der mittlerweile sein direkter Berater geworden war, veranlasste er die schriftliche Niederlegung des Korans, ließ erstmals die zahlreichen weitverstreuten Teilstücke sammeln, die die Sekretäre des Propheten niedergeschrieben hatten, und zog dabei all diejeniegen zu Rate, die den gesamten heiligen Text auswendig kannten. Nach Abu Bakrs Tod übernahm Omar, von diesem ausdrücklich dazu auserwählt, dessen Nachfolge. Omar I. baute eine unabhängige Verwaltung auf und führte die Eroberungsfeldzüge gegen die angrenzenden Gebiete fort. Ihm sind die Einrichtung des Postwesens, die Einführung einer Pension für Veteranen, eine Gesetzgebung für Nicht-Muslime und die Festlegung des Beginns der islamischen Zeitrechnung auf den Tag von Mohammeds „Auswanderung nach Medina" (Hidjra) zu verdanken. Im Jahr 640 legte er das Prinzip des „Wahl-Kalifats" und den Kalifen-Titel „Beherrscher der Gläubigen" (Amir al-muminin) fest. Ihm gebührt das Verdienst des Sieges über die Sassaniden (637) ein wichtiger Sieg, der dem Islam das Tor nach Zentralasien öffnete – und der Eroberung Ägyptens (641). Im Jahr 644 von Oppositionellen ermordet, wurde er in Medina neben Mohammeds Grabstätte beigesetzt.

Links: Abu Bakr wird zum legitimen Nachfolger des Propheten ernannt. Türkische Miniatur, 18. Jh. Oben und rechte Seite: Die Namen der vier „rechtgeleiteten" Kalifen.

Keramiken aus der Mailänder Moschee, Via Padova 144, 20. Jh. Rechte Seite, oben: Der Name Abu Bakr in der Hagia Sophia, Istanbul.

Nachfolger Omars I. wurde Othman Ibn Affan, dem man vorwarf, die Interessen seines eigenen Stammes allzu sehr zu favorisieren. Beispielsweise übertrug er seinem Stiefbruder Walid und dem Milchbruder Abd Allah Ibn Sad, den Mohammed zu Lebzeiten geächtet hatte und gegen den ein Koranvers (Sure 6,93) „herabgesandt" worden war, jeweils einen Gouverneursposten. Doch in diese Zeit fällt auch der Sieg in der Seeschlacht gegen die Byzantiner (652), die Eroberung Zyperns (649) und großer Teile Nordafrikas (648).

Mit der Ermordung von Othman (656) im Auftrag Mohammeds, des Sohnes von Abu Bakr, konnte das Problem des „Kampfes gegen die Familie des Propheten" gelöst werden, als Ali Ibn Abi Talib endlich zum Kalifen ernannt wurde, der die Hauptstadt von Medina nach Kufa verlegte. Aber auch seine Herrschaft verlief nicht ohne Brüche: Die „Kamelschlacht" (656) bei Basra, angeführt von Aischa, der Witwe Mohammeds, führte zur Spaltung des islamischen Gemeinwesens (fitna), und die Schlacht von Siffin gegen Moawija (657) hatte die Trennung der Charidjiten (neben der Abspaltung der Schiiten eines der beiden historischen Schismen des Islam) zur Folge.

Im Jahr 661 wurde Ali durch einen Charidjiten-Verschwörer in Kufa ermordet und sein Sohn Husain zum neuen Kalifen ernannt. Doch sein Rivale Moawija Ibn Abi Sufyan vom Stamme der Banu Omaija ließ ihn vergiften, proklamierte sich selbst zum Kalifen, begründete damit die Dynastie der Omaijaden, und verlegte die Hauptstadt von Kufa nach Damaskus. So übernahmen die Banu Omaija – der Stamm der großen mekkanischen Karawanen-Kaufleute, die dem Propheten gegenüber immer ablehnend aufgetreten waren und sich erst im letzten Moment zu ihm bekannten – die ganze Macht. Dazu der Theologe Si Hamza Boubakeur: „Die Ermordung des legitimen Kalifen und unbestrittenen Helden des Islam in Kufa mitten im Ramadan des Jahres 41 (Januar 661) [...], die Machtübernahme durch die Banu Omaija[...], die Verlegung der politischen Hauptstadt des Islam nach Damaskus, [...] erschütterten in gehöriger Weise die Empfindungen und Ergebenheit der ersten muslimischen Generation. Der Islam der Proletarier wurde durch jene Bankiers entkräftet, die ihn zuvor heftig bekämpft hatten und deren religiöser Eifer lau gewesen war. Das verstimmte jene, die seinen Triumph über den Götzendienst sichergestellt hatten. Dem grundsätzlich egalitären, antirassistischen Geist des Islam zum Trotz wollten die Araber nun eine rassistisch begründete politische Vorherrschaft über die anderen muslimischen Völker bekommen."

Links: Innenansicht der Hagia Sophia in Istanbul. Zu sehen ist das große Medaillon mit dem Namen des letzten rechtgeleiteten Kalifen Ali. Kalligraphie von Izzet Efendi (1756–1849).

Rechte Seite, oben: Die 1777 erbaute Moschee von Turfan (Chinesisch-Turkestan) mit dem hoch aufragenden Minarett des Sultans Imin. Die Dekoration aus ineinander verschränkten Backsteinen symbolisiert die fünf chinesischen Religionen.
Unten: Die Ausdehnung des Islam bis zum Fall der Omaijaden-Dynastie (750).

Die „Partei“ – die Schia (daher die Bezeichnung Schiiten), die nur Ali und die so genannten „medinensischen Gefährten Mohammeds“ als rechtmäßige Nachfolger des Propheten anerkennt – stellte sich gegen die Partei der Omaijaden; sie wurde jedoch mehrfach besiegt, und während des Massakers von Kerbela (680) wurde Husain, Mohammeds geliebter Enkel, meuchlings erschlagen. Der schiitische Aufstand wurde erst im Jahr 698 niedergeworfen, allerdings verwandelte sich die „Partei von Ali“ in eine religiöse Bewegung mit kryptisch-mysterienhaften und adventistischen Zügen, was zur größten Spaltung innerhalb des islamischen Gemeinwesens führte (die keine doktrinären, sondern vielmehr politische Gründe hatte und von daher kein Schisma war). Si Hamza Boubakeur schreibt dazu: „Die durch die Omaijaden herbeigeführte Spaltung, die von ihnen in Misskredit gebrachten islamischen Werte, die Zerstörung der Sitten, der Nepotismus, die Korruption, die Umwandlung des Wahl-Kalifats in eine dynastische Herrschaftsstruktur [...] hatten zwangsweise tief greifende Auswirkungen auf das Bewusstsein der frommen Leute, angefangen bei einem Gefühl der Abscheu und der Entrüstung darüber, wie sich die Dinge entwickelten [...].“

Die frühe Verbreitung des Islam

Zu dieser Zeit eroberten die Marokkaner – Mauren, unter die sich Vandalen und auch der eine oder andere arabische General gemischt hatten – Spanien (711) und drangen bis nach Poitiers in Frankreich (732) vor. Im Jahr 713 reichte die islamische Ausdehnung im Osten bis zum Indusdelta. Was Spanien betrifft, so wird angenommen, dass neun andalusische Provinzen im Jahr 742 unter das Kommando iranischer Truppen gestellt wurden, weshalb man in Zukunft eigentlich nur noch von einer islamisch-spanischen und nicht von einer arabisch-spanischen Zivilisation sprechen sollte. Fest steht jedoch in jedem Fall, dass dieses Jahrhundert der Omaijaden durch die Araber und ihre Mentalität dominiert wurde, eine Tatsache, die die eroberten Völker – die eine überlegene Kultur, Zivilisation, künstlerischen Geschmack und weit zurückreichende Geschichte besaßen – schlecht ertrugen. Zwar wurden im Jahr 665 an die 50.000 arabische Familien nach Khorasan umgesiedelt, doch schon 733 war die Zahl der arabischen Militärs und Veteranen auf 15.000 begrenzt, und hundert Jahre später wurden alle Araber gezwungen, aus Khorasan, Iran und Nordafrika in Richtung Arabischer Halbinsel abzuwandern.

Im Jahr 750 ergreift Abu l-Abbas, ein Nachkomme des Onkels von Mohammed, für die Sache der Schiiten Partei, gründet nach dem Sturz des Herrscherhauses der Omaijaden die Dynastie der Abbasiden und verlegt die Hauptstadt des islamischen Reiches nach Bagdad („Garten der Gerechtigkeit"). Nahe Ktesiphon, der glanzvollen Hauptstadt des Sassanidenreiches, gelegen, war Bagdad insofern auch das Symbol der zunehmenden Iranisierung und Türkisierung der ausgedehnten islamischen

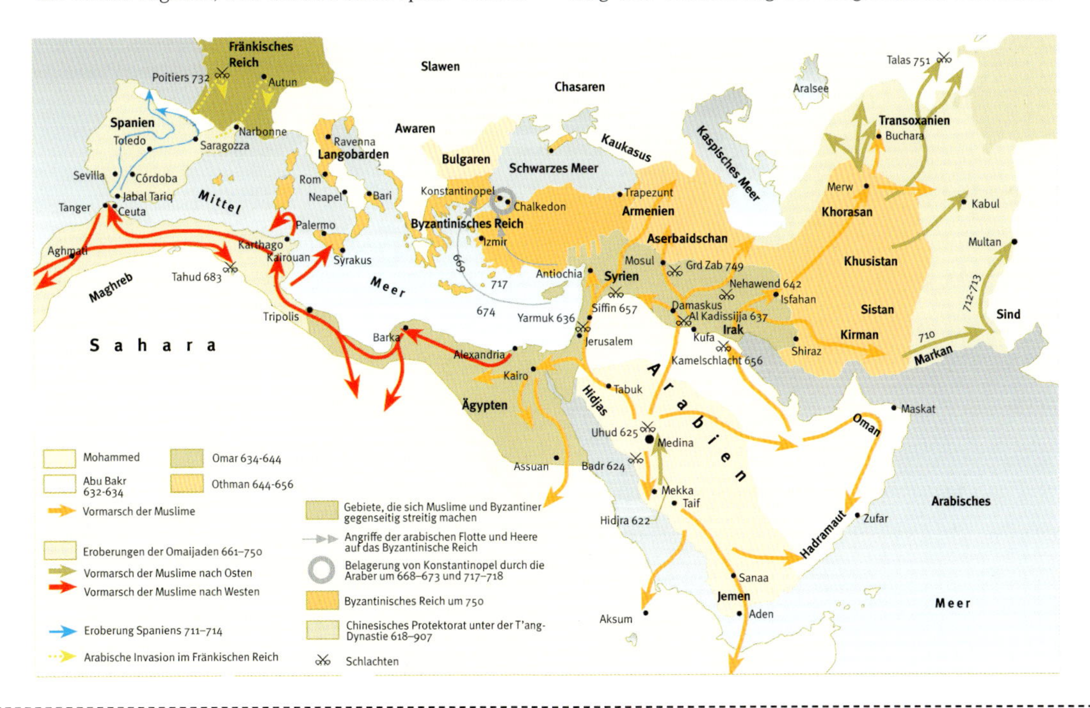

Links: Eine Ansicht von Sarajevo: Die Straße führt von einem Hügel zum Stadtzentrum und zur großen Moschee; Carlo Bossoli (1815–1884). Unten: die große Moschee von Xi'an (China), im 7. Jh. errichtet und mehrfach erweitert. Sie bietet Platz für 60.000 Gläubige.

Rechte Seite, oben: Diese Miniatur der Timuriden (um 1410) stellt die Seidenstraße dar; Topkapy Sarayi Müzesi, Istanbul. Unten: Die Nadir-Diwan-Beg-Medrese (1623) in Buchara (Usbekistan).

Welt, die jetzt von den Grenzen Chinas, vom Indus und von Samarkand bis zum Atlantik und zu den Pyrenäen reichte. Es dauerte nicht lange, bis ursprünglich aus Zentralasien stammende türkische Elemente – in Form eines Militärkorps zur Verteidigung des Hofes eingeführt – die Oberhand gewannen und 836 eine neue, kolossale (35 km lange) Hauptstadt erbauten: Samarra. Der Türke Ibn Tulun wird zum Statthalter von Ägypten (868) ernannt; die iranischen Provinzen begründen erst unter Tahir Ibn al-Husain (820), dann unter Mazayr (839–840) unabhängige Staaten; schließlich errichtet die iranische Dynastie der Bujiden (Buwaihiden) nach ihrer Machtergreifung (945) ein großes Reich, das in der Folge durch die türkischstämmigen Seldschuken erobert wird (1050), die unter Togrilbeg 1055 in Bagdad einziehen. Auf diese Weise wird der Islam wirklich „universell“: Die arabische Epoche (die zivilisatorisch und künstlerisch in gleichem Maße wie die frühchristlichen, armenischen und byzantinischen Kulturen auf die Spätantike aufbaute) geht zu Ende und es beginnt die lange Periode der eigentlichen „islamischen“ Zivilisation, Kultur und Künste, zu denen die Perser, Türken, Afghanen, Inder, Ägypter, Nordafrikaner und Andalusier ihren entscheidenden Teil beigetragen haben. Vor allem die Türken haben es verstanden, die unterschiedlichen Tendenzen miteinan-

Napoleon Bonaparte

„Mohammed war ein Fürst; er versammelte seine Landsleute um sich. In wenigen Jahren eroberten die Seinen die halbe Welt. Innerhalb von fünfzehn Jahren entrissen sie den falschen Göttern mehr Seelen, zerschlugen sie mehr Götzen, funktionierten sie mehr heidnische Tempel um als die Sektierer von Moses und Jesus Christus zusammen in fünfzehn Jahrhunderten. Mohammed war ein bedeutender Mann.“

Napoleon Bonaparte (1769–1821) anlässlich seines Feldzugs gegen Ägypten und Syrien

der zu verschmelzen, auf politischer Ebene (mit den Eroberungen Indiens und Irans, später Anatoliens und des Balkans), auf künstlerischer Ebene (durch das Zustandebringen einer großen Synthese zwischen der abstrakten Kunst der Nomaden der zentralasiatischen Steppe und der figurativen Kunst der Sesshaften der Spätantike) und schließlich auf Handelsebene (indem sie als Erben der Seidenstraße die großen Karawanenstraßen zwischen Europa, Asien und Afrika errichteten und somit einen regen Ideen- und Wissensaustausch ermöglichten).

Alle diese nichtarabischen Völker gestalteten die religiösen Wissenschaften im Lichte ihrer eigenen Traditionen um und bauten eine gewissermaßen als mystisch zu bezeichnende Seite des Islam in bedeutsamem Maße aus: den Sufismus. Das Arabische – unter dem Kalifen Abd al-Malik (685–705) als Verwaltungssprache eingeführt – blieb weiterhin die Sprache der Religion und der Wissenschaften, wie es das Lateinische in Europa war; daneben wurde auch Persisch zur Amtssprache erhoben, vor allem nachdem der bedeutende Dichter Firdausi (935–1020) für den türkischstämmigen afghanischen König Mahmud von Ghazni das Königsbuch („Schah-Name"), ein Heldenepos über die vorzügliche persische Tradition, in persischer Sprache verfasst hatte; und schließlich wurde zur Zeit des größten und aufgeklärtesten islamischen Reiches der Osmanen, die 1453 Konstantinopel eingenommen hatten, Türkisch zur Verwaltungssprache. Der arabische Anteil an den Eroberungen wurde auf seine ursprünglichen Gebiete zurückgedrängt, mit Ausnahme einiger unbedeutender Teile, die schnell vollkommen assimiliert wurden, während die Arabische Halbinsel wieder in ihre Kultur aus vorislamischer Zeit (djahiliya) versank.

erobert wurde, dessen Reich nach seinem Tod jedoch rasch zerfiel. Das war der Auftakt zu einer der wichtigsten Epochen der islamischen Geschichte in Asien, in der drei große Reiche entstanden: das Mogulreich in Indien (1483–1858), das Safawidenreich im Iran (1501–1736) und das Osmanische Reich in Anatolien (1302–1922). In Indien gründete Babur die Dynastie der Moguln im Jahr 1526, die mit Akbar (1556–1605) einen der aufgeklärtesten Herrscher der Menschheitsgeschichte hervorbrachte. Im Iran errichteten die Safawiden einen schiitischen Staat mit Isfahan

als Hauptstadt – eine der schönsten Städte der Welt. Die Osmanen nahmen 1453 Konstantinopel ein, machten es zu ihrer Hauptstadt Istanbul und eroberten die Balkanstaaten, Ungarn, die russischen Ufer des Schwarzen Meeres, Syrien, Ägypten, Tunesien, Algerien, Irak und Mekka. Vor den Toren Wiens wurden sie gestoppt. Im 18. Jahrhundert setzte der allmähliche Zerfall des Osmanischen Reiches ein, dessen endgültige Auflösung infolge russischer und englischer Intrigen mit dem Ersten Weltkrieg besiegelt wurde. Das, was übrig blieb, wurde 1923 unter Führung von Mus-

Die vier wichtigsten Rechtsschulen

Die Schule der Hanefiten: begründet von Abu Hanifa an-Numan (699–767), einem irakischen Gelehrten, der im Gefängnis starb, weil er das Amt des obersten Richters in Bagdad nicht antreten wollte, als ihm eine freie Urteilsfindung ohne jede politische Einmischung nicht garantiert werden konnte. Seine Schule legt Wert auf die freie Meinungsäußerung (ra'y), den Analogieschluss (qiyas) und den Utilitarismus (istihsan) und ist recht einfach strukturiert. Die eher modernistisch ausgerichtete Schule setzt auf eine Anpassung des Gesetzes an die jeweiligen Umstände und einen gewissen Liberalismus bei der Lösung von Problemen im privaten Bereich. Sie ist vor allem in der Türkei, in Zentralasien, China, Indien und Syrien verbreitet.

Die Schule der Malikiten: begründet von Malik Ibn Anas (712–796) aus Medina, weshalb sie auch Schule des Hidjas genannt wird. Vom Grundansatz her ähnlich wie die Schule der Hanefiten, lehnt sie allerdings die freie Meinungsäußerung ab und ist strikt orthodox. Sie wird für ihre Haltung, den Zweck über die Mittel zu stellen, und die Strenge, mit der sie Abtrünnige und Sektierer verurteilt, kritisiert. Die Malikiten sind in Nordafrika und den islamischen Gebieten Schwarzafrikas, in Ägypten, auf der Arabischen Halbinsel, in Indien, Indonesien und Westeuropa verbreitet.

Die Schule der Schafiiten: begründet von Abu Abd Allah al-Schafii (767–820), der in Gaza geboren wurde, Schüler des Imams Malik war und in Bagdad seine Ausbildung erhielt. Die systematisch aufgebaute Rechtslehre dieser Schule bildet einen Synkretismus zwischen den unterschiedlichen Ansätzen der Malikiten und Hanefiten und konnte sich vor allem dank einer großen Zahl bedeutender Gelehrter – darunter der Sufi-Theologe al-Ghasali (1059–1111) und der Traditionalist Nawawi (†1277) – stark ausbreiten. Diese Schule ist vor allem im Süden der Arabischen Halbinsel, in Ägypten, Indonesien, Südafrika, Syrien, im Irak, in Pakistan, Indien, punktuell auch in Europa und Amerika verbreitet.

Die Schule der Hanbaliten: begründet von Ibn Hanbal (780–855) aus Bagdad, einem überzeugten Islamisten. Die Rechtsschule, die in einer Zeit des politisch-religiösen Verfalls entstand, sah sich gezwungen, eine intolerante Haltung zu vertreten, die mit der Ablehnung von Neuerungen, der Zensur der Sitten und doktrinärer Rigorosität einherging. Dieses zum Teil rückschrittliche Festhalten an traditionalistischen Ansichten bildete die geistige Grundlage für die ebenso rückschrittliche politisch-religiöse Bewegung der Wahhabiten. Im Irak, in Ägypten und Palästina kaum verbreitet, findet die hanbalitische Rechtslehre vor allem in den Arabischen Emiraten, in Saudi-Arabien zwischen dem Nedjd und dem Persischen Golf Anwendung.

Reden wir über den Koran

Der Prophet Mohammed präsentiert sich uns in einem doppelten Licht: Einerseits ist er der sozial-politisch-wirtschaftliche Organisator seiner Zeitgenossen von damals und später der gesamten islamischen Religion. Andererseits ist er der „Bote" eines unveränderlichen und seit den Anfängen der Menschheit unveränderten göttlichen Wortes, das vom Patriarchen Abraham verfochten und von den Propheten wiederholt wurde, die sich gegen die durch den Menschen am Wort daselbst begangenen Verunreinigungen und Irreleitungen erhoben. Seit Jahrhunderten bezeugen Millionen Männer und Frauen jedweder Volks- und Gesellschaftszugehörigkeit, dass Mohammed der Gesandte Gottes ist. Tag für Tag erschallt nach dem Aufruf zum Gebet aus Tausenden und Abertausenden von Kehlen unisono das Bekenntnis: „Es gibt keinen anderen Gott außer Gott (Allah), und Mohammed ist der Gesandte Gottes". Und im Anschluss bekommen wiederum Tausende und Abertausende von Gläubigen die 1. Sure des Korans, die Fatiha, zu hören.

Linke Seite: Porträt des Mogulherrschers Akbar (1556–1605).
Links: Porträt eines Herrschers. Malerei auf Leder; Ausschnitt einer Decke aus dem 4. Jh. in der Alhambra, Grenada.
Unten: Großes Lesepult für den Koran aus Stein; Freitagsmoschee in Samarkand (Usbekistan).

tafa Kemal Pascha, Atatürk, zur Republik Türkei: dem aufgeklärtesten und liberalsten Staat mit muslimischer Bevölkerungsmehrheit.

Ihren Beitrag zur Entstehungsgeschichte der islamischen Zivilisation leisteten die Araber im eigentlichen Sinne (die Bewohner der Arabischen Halbinsel) mit dem Koran und den Hadithen (den „Aussprüchen" des Propheten Mohammed), die die Grundlage von Religion, Jurisprudenz und bürgerlichem Handeln bilden. Das Ganze wird unter dem Begriff der Scharia, dem „Religionsgesetz", zusammengefasst, das die Basis des Islam darstellt.

In der Tat sind der Islam als Ganzes und das Wort des Islam als Ganzes in diesem heiligen Buch enthalten, das jedem guten Muslim Schatz und Hilfe zugleich ist. Es enthält insbesondere drei wesentliche Elemente: die Offenbarung, die Hingabe an Gott und Aufforderungen zu korrektem ethischen Verhalten (Wohltätigkeit, Nächstenliebe und der innere Kampf um Selbstvervollkommnung).

Im heiligen Buch des Islam wird der Begriff al-Qur'an (Koran) an die siebzig Mal genannt. Möglicherweise geht er auf das syrische Wort qeryana („das Lesen der Schriften, Lektion“), vielleicht aber auch auf qara'a („Rezitation“) oder auch auf qarana („vereinigen, sammeln“) zurück. Der Koran wird auch al-Kitab (das Buch) genannt. Er besteht aus 114 Suren, davon die längste aus 287, die kürzeste aus drei Versen. Sura (Plural: suwar) leitet sich vermutlich vom Wortstamm S-W-R ab und müsste sich vom Prädikat 2. Fall sawwara („mit einer Einfriedung umschließen, ummauern) herleiten und sich im Idealfall also um ein eingefriedetes Stück Land, um den „Teil“ eines Ganzen handeln. Viele Autoren neigen dazu, den Begriff vom syrischen surta (Schrift, Lektüre) abzuleiten und dem Prädikat die zusätzliche Bedeutung von „rezitieren“ zuzuordnen; aber es kann auch „ein Stück Lektüre“ bedeuten. Wie dem auch sei, fest steht, dass sura einen „Ausschnitt“ und kein Kapitel darstellt. Experten aller Epochen und auch unterschiedlicher Religionen studierten die gesammelten Suren und unterbreiteten eine chronologische Klassifizierung, die mit der 96. Sure beginnt, der ersten, die offenbart wurde, und mit der 110. Sure endet. Die glaubwürdigste Klassifizierung des Korans legte Asyuti (oder Suyuti, †1505) vor, der ebenfalls die Anzahl der Worte (6.616) und der Buchstaben (323.671) ausrechnete. Die Suren sind mit einer Überschrift (bei anerkannten frühen Koranfassungen gelegentlich sogar mit mehreren Überschriften) versehen, die im Allgemeinen aus einem im Text vorkommenden Stichwort gebildet ist. Zusätzlich zum Surennamen findet sich manchmal auch ein Verweis darauf, ob die Sure in Mekka oder in Medina offenbart wurde. Sämtliche Suren, mit Ausnahme der 9., beginnen mit dem Satz: Bismi Allahi r-rahmani r-rahim („Im Namen des barmherzigen und gnädigen Gottes“). Gelegentlich finden sich in einem einzigen Surenkorpus auch Verse, die an verschiedenen Orten offenbart wurden.

Linke Seite: Gestern und heute: Papyrusseite aus einem der ersten Koranbücher des 8./9. Jh. (Sammlung G. Mandel, Mailand) und die vorletzte Koransure auf einer Keramik des 20. Jh.

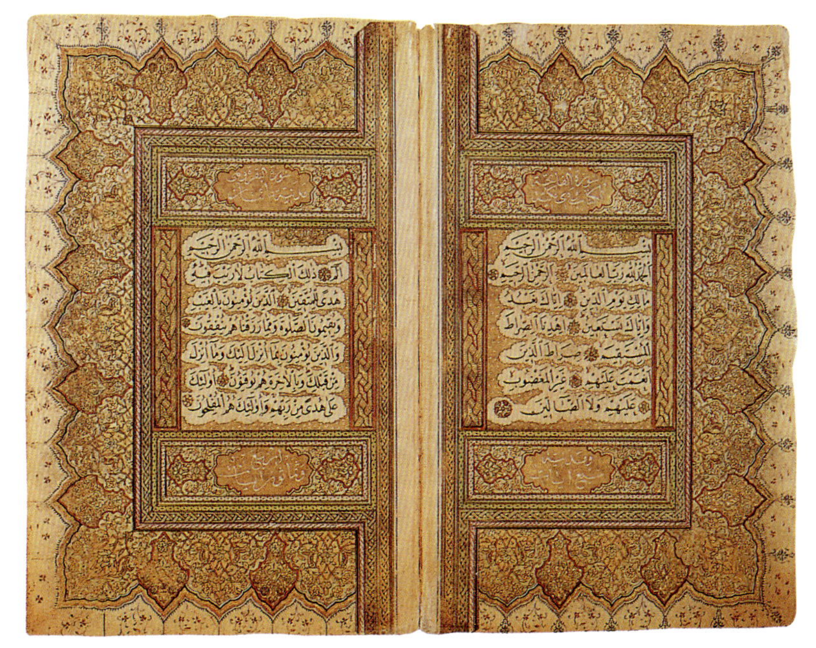

Rechts: Incipit eines osmanischen Korans aus dem 16. Jh.; Bibliothek des Topkapy Sarayi Müzesi, Istanbul.

Die Inhalte des Korans betreffen Gott, die Engel, Teufel und Dämonen; den Anfang und das Ende der Welt, die Auferstehung, das Paradies und die Hölle; die Patriarchen und Propheten (Adam, Kain und Abel, Noah, Abraham, Lot, Joseph, Moses, Ismael, Elia, Jonas, Hiob, Hud, Salih, Shu'aib, David, Salomo, Johannes, Jesus und Maria), wobei im Koran selbst darauf hingewiesen wird, dass es noch andere gibt, über die nicht geredet wurde: Und über einige Gesandte haben wir dir schon früher berichtet, über andere bisher überhaupt noch nicht [...], Gesandte, die als Verkünder froher Botschaft und als Warner kamen, damit die Menschen, nachdem sie aufgetreten waren, keinen Beweisgrund gegen Gott haben sollten (Sure 4,164–165); Gesetzes- und gesellschaftliche Verhaltensnormen, Regeln zur Gestaltung des Zusammenlebens zwischen Mann und Frau, wobei zu beachten ist, dass die Frau einen maximalen Schutz genießt, im Islam die Möglichkeit der Ehescheidung besteht, Abtreibung dann nicht verboten ist, wenn dies dem Wunsch der Frau entspricht (für die diesbezügliche Kasuistik siehe den großen Theologen des 11. Jahrhunderts, al-Ghasali, in: Ihya 'ulumi ad-din [Die Wiederbelebung der religiösen Wissenschaften], II 51–53), der Geschlechtsakt ein Akt der Freude ist, den Gott den Menschen geschenkt hat (Sure 2,223 u. 187), und aus diesem Grund die Verwendung von Verhütungsmitteln freigestellt ist. Darüber hinaus sind im Koran Aufforderungen zum Studium und zur Vertiefung sämtlicher Wissenschaften sowie Normen zur Einhaltung der „fünf Pfeiler muslimischer Frömmigkeit" enthalten: das Glaubensbekenntnis, das rituelle Gebet, das Almosengeben, das Fasten im Ramadan und die Wallfahrt nach Mekka.

Diese „fünf Pfeiler" muss jeder Gläubige erfüllen, der frei, geschlechtsreif, vernunftbegabt, physisch dazu in der Lage und vor dem Gesetz verantwortlich ist. Die ersten drei Vorschriften sind ausdrücklich, die letzten zwei bedingt vorgeschrieben und in der Praxis von der gesundheitlichen Verfassung, gesellschaftlichen und finanziellen Möglichkeiten und äußeren Umständen abhängig. Es gibt noch zwei weitere Vorschriften: der Verzicht auf Alkohol und Schweinefleisch. Der „Schleier" für Frauen, der in weiten Teilen der islamischen Welt nicht getragen wird, ist nicht obligatorisch. Es ist vielmehr eine Frage der „Unterscheidung" und der Gepflogenheiten, die oftmals auf vorislamische Zeiten zurückgehen und im Übrigen nicht nur auf muslimische Länder beschränkt sind.

Die wichtigsten Stellen im Koran

■ Sure 1: „Die Eröffnende" (fatiha):

1 Im Namen des barmherzigen und gnädigen Gottes.

2 Lob sei Gott, dem Herrn der Menschen in aller Welt,

3 dem Barmherzigen und Gnädigen,

4 der am Tag des Gerichts regiert!

5 Dir dienen wir, und dich bitten wir um Hilfe.

6 Führe uns den geraden Weg,

7 den Weg derer, denen du Gnade erwiesen hast, nicht den Weg derer, die d(ein)em Zorn verfallen sind und irregehen!

■ Sure 112: „Der Glaube ohne Vorbehalt" (al-ihlas):

Im Namen des barmherzigen und gnädigen Gottes.

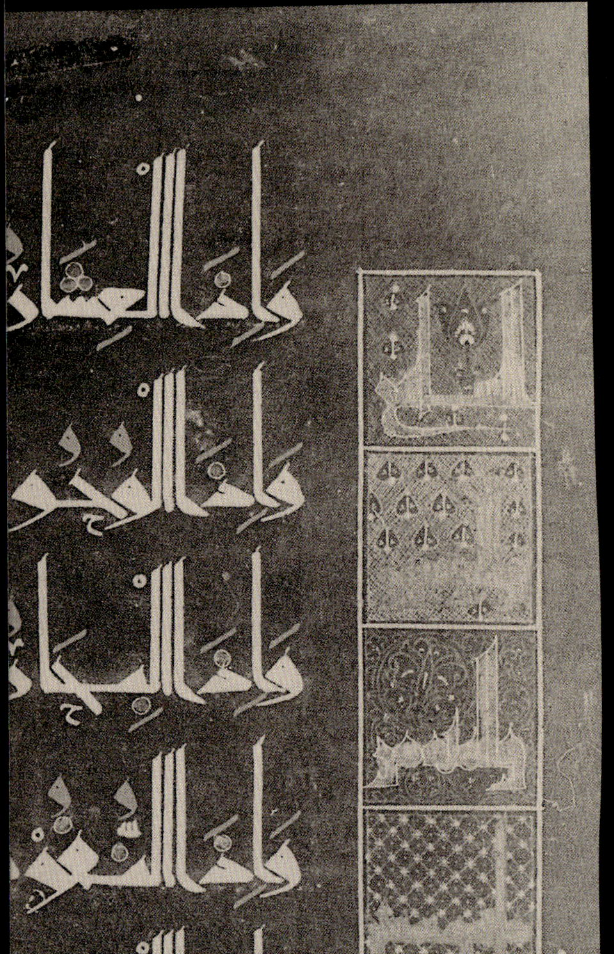

1 Sag: Er ist Gott, ein Einziger,

2 Gott, durch und durch (der arabische Begriff as-samad ist schwer zu übersetzen und bedeutet so viel wie: der, den man nicht kennen kann; das Absolute; derjenige, den die Welt braucht, während es ihm an nichts mangelt; das gänzlich Andere als alles, was wir uns vorstellen können).

3 Er hat weder gezeugt, noch ist er gezeugt worden.

4 Und keiner ist ihm ebenbürtig.

■ Sure 24,35: „Das Licht":

Gott ist das Licht von Himmel und Erde. Sein Licht ist einer Nische zu vergleichen, mit einer Lampe darin. Die Lampe ist in einem Glas, das ist, wie wenn es ein funkelnder Stern wäre. Sie brennt von einem gesegneten Baum, einem Ölbaum, der weder östlich noch westlich ist, und dessen Öl fast schon hell gibt, ohne dass Feuer darangekommen ist, – Licht über Licht. Gott führt seinem Licht zu, wen er will. Und er prägt den Menschen die Gleichnisse. Gott weiß über alles Bescheid.

inke Seite: Koran der
Karmaten in kufischer
Schrift aus dem 11. Jh.;
Sammlung von Sadruddin
Aga Khan.

Rechts: Koran aus Nord-
afrika aus dem 17. Jh.;
Sammlung G. Mandel,
Mailand.

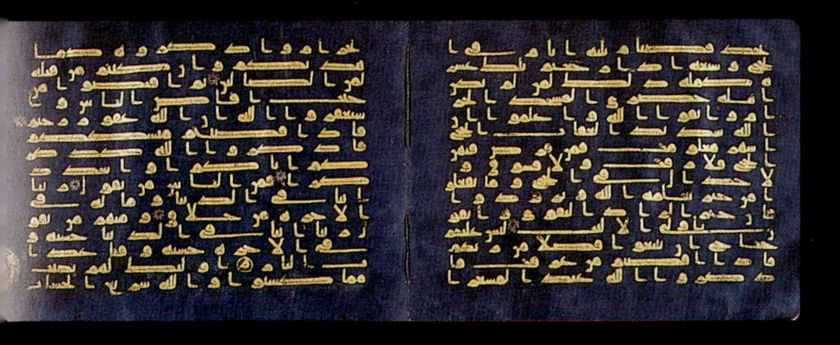

Links: Nordafrikanischer Koran aus dem 10. Jh.; Sammlung Rifaat Scheich al-Ardh, Riad (Saudi-Arabien).

Unten: Frontispiz eines Korans aus Kairo von 1304; British Library, London.

■ Sure 2,255:

Gott (ist einer allein). Es gibt keinen Gott außer ihm. Er ist der Lebendige und Beständige (der arabische Begriff al-qayyum ist schwer zu übersetzen und bedeutet so viel wie: das Absolute; derjenige, der an und für sich schon ist und durch den alles ist). Ihn überkommt weder Ermüdung noch Schlaf. Ihm gehört alles, was im Himmel und auf der Erde ist. Wer könnte – außer mit seiner Erlaubnis – bei ihm Fürsprache einlegen? Er weiß, was vor und was hinter ihnen liegt. Sie aber wissen nichts davon – außer was er will. Sein Thron reicht weit über Himmel und Erde. Und es fällt ihm nicht schwer, sie vor Schaden zu bewahren. Er ist der Erhabene und Gewaltige.

Die „drei Wissenschaften" der islamischen Religion

Der Koran etabliert keine Priesterschaft und kennt auch keine Beichte: Der Muslim wendet sich direkt an Gott. Folglich gibt es im Islam auch keine Pfarrer oder Priester; und so schufen sich die Doktoren der Theologie (die a'imma – im Singular imam –, mufti und ayatollah verschiedener Ausprägung) einen eigenen Freiraum, indem sie eine aufklärende – vor Gericht in der Tat notwendige – Lesart und Auslegung des Korans lieferten, um eine Machtposition zu sichern. So bildete sich schon sehr schnell eine „Koranwissenschaft" heraus, die sich mit den fünf Rezitationsregeln des Korantextes, den elf beim Rezitieren zugelassenen Stimmlagen und vor allem mit seiner Aufteilung in Abschnitte befasste, die es auswendig zu lernen galt. In der Tat wurde der Koran zunächst nur mündlich tradiert, auch wenn die Sekretäre des Propheten dafür sorgten, dass große Teile mitgeschrieben wurden. Der Prophet selbst konnte den Koran vollständig auswendig, und kurz bevor er starb (632) rezitierte er ihn noch zweimal. Der Kalif Abu Bakr (632–634) ließ eine erste editio princeps unter der Aufsicht von Mohammeds Sekretär, Zaid Ibn Thabit, niederschreiben. Nach seinem Tod ging dieser Prototyp an den zweiten Kalifen Omar über. Othman, der dritte Kalif, vertraute diesen im Jahr 654 einer Expertenkommission an (die ihn nicht nach der chronologischen Reihenfolge der Suren, sondern von der 2. Sure an mehr oder minder der abnehmenden Länge der Suren nach ordnete) und ließ mehrere Abschriften anfertigen, die er den Hauptstädten der verschiedenen muslimischen Provinzen zuleitete. Sie waren noch ohne Kurzvokale (also ohne das typische Merkmal der hebräischen und arabischen Schrift) abgefasst; die vollständig mit Vokalen versehene und also endgültige Fassung des Korans geht auf das frühe 10. Jahrhundert zurück. Zu dieser Zeit bildete sich ein Kreis von Theologen – mindestens elf an der Zahl –, die

Oben: Das Wort alim (der Wissende; derjenige, der die „drei Wissenschaften" studiert hat); Keramik, 20. Jh.
Links: Akbar, der Großmogul von Indien, im Gespräch mit Gelehrten verschiedener Religionen.

Rechte Seite, oben: der türkische Gelehrte al-Buchari erläutert seine Hadith-Auswahl.
Mitte: Der Vorsteher der Azhar-Moschee in Kairo; Gemälde von Arthur Ferraris (1856–1918), Privatsammlung, London.
Unten: Daruh Sikok, ältester Sohn von Shah Jahan, im Gespräch mit Vertretern verschiedener Religionen.

sich mit Varianten und etwaigen Schreibfehlern befassten. Tatsache ist, dass es zwei unterschiedliche Fassungen der heiligen Schrift gibt, die sich jedoch kaum voneinander unterscheiden: die „Standardausgabe“ von Afs al-Asim und die von Warsh an-Nafi‘. Die heute letztendlich gültige ist die ägyptische Ausgabe, die nach dem Zweiten Weltkrieg publiziert wurde.

Parallel dazu wurden die Philosophiestudien insbesondere nach dem Vorbild der griechischen Texte, vor allem der Übersetzungen von Platon und Aristoteles, vorangetrieben, und es kamen die ersten Missverständnisse zwischen Vertretern des philosophischen Geistes und des theologischen Rigorismus auf. Die Hadithe – die Aussprüche des Propheten und seiner Gefährten – hingegen dienten dazu, die dunkelsten Stellen im Koran auf der Grundlage des Verhaltens und der Aussagen des Propheten zu verifizieren. Im Arabischen bedeutet das Substantiv hadith (Plural ahadith) Erzählung, Vortrag, Mitteilung, Vorschlag. Zusammen mit dem Artikel bezeichnet der Begriff al- ahadith die „Traditionen“, welche die Taten, Worte und Handlungen des Propheten Mohammed oder auch seine stillschweigende Zustimmung zu Äußerungen, die in seiner Gegenwart gemacht wurden, wiedergeben. Viele Hadithe wurden jedoch von Sekten, Konventikeln und politischen Faktionen zur Konsolidierung der eigenen Interessen erfunden. So entstand eine „Hadith-Wissenschaft“, die um die Unterscheidung der wahren von den falschen Hadithen bemüht war. Einer der bedeutendsten Theologen, der in Buchara geborene türkischstämmige al-Buchari (810–870), suchte von den 20.000 seinerzeit kursierenden Hadithen lediglich 2.762 heraus – eine Auswahl, die bei den Fanatikern auf Ablehnung stieß. Bis heute ist seine Arbeit, die Hadith-Sammlung mit dem Titel “Sahih”, die auch “al-Djam‘ as-sahih” („Die korrekte Summe“) genannt wird, für die Untersuchung der zulässigen Hadithe von grundsätzlicher Bedeutung; dennoch existieren daneben noch weitere fünf ebenfalls kanonische Textsammlungen.

Die Hadithe werden entsprechend ihrer höchsten oder geringsten Glaubwürdigkeit eingeordnet, doch alle, auch die wegen ihres offensichtlichen Abweichens nicht annehmbaren (Hinweise auf Ereignisse, die „nach" dem Tod des Propheten stattgefunden haben), sind Teil der Sunna. Folglich wurden die Strömungen, die sich den in Mekka erstellten theologischen Studien anschlossen, „sunnitisch", diejenigen, die es vorzogen, sich den in Medina angefertigten theologischen Studien anzupassen, „malikitisch" und jene, die sich ausschließlich auf die Handlungsweise von Ali und der „unfehlbaren" Imame, die Aliden, beriefen, „schiitisch" genannt.

Am Ende gab es drei verschiedene Wissenschaften der Scharia (das islamische „Religionsgesetz"): die Wissenschaft der Quellen oder methodologischen Grundlagen ('ilm al-usul), die Wissenschaft der theologisch-philosophischen Prinzipien ('ilm usul ad-din) und die Wissenschaft der Übertragungs- und Anwendungsprinzipien der Traditionen ('ilm al-ahadith).

Aufgrund weiterer methodologischer Differenzierungen bildeten sich in der Folge bei den Sunniten vier Rechtsschulen (die der Hanefiten, Malikiten, Schafiiten und Hanbaliten) und bei den Schiiten drei Gruppierungen (Saiditen, Ghulat bzw. Mutualiten, Imamiten) heraus. Die Schiiten legten bestimmte Verse des Korans auf eine völlig eigene Art und Weise aus und so kommt es, dass einige ihrer Lesarten sich bezüglich Syntax und Begrifflichkeit von denen der Sunniten unterscheiden.

Die muslimischen Feste

❖ Lailat al-qadr (dt. Lailat al-Kadr): die „Nacht der Bestimmung" am 27. Ramadan. „Die Nacht der Bestimmung ist besser als tausend Monate. Die Engel und der Geist kommen in ihr mit der Erlaubnis ihres Herrn hinab, lauter Logos(wesen). Sie ist (voller) Heil, bis die Morgenröte sichtbar wird." (Koran, Sure 97,3–5). Die Nacht wird mit der Lektüre des Korans und Beten zugebracht.

❖ 'id al-fitr: das Fest des Fastenbrechens am 1. shawwal. Das einst nicht so bedeutsame Fest findet heute großen Anklang und ist vielleicht das freudenfroheste von allen: Es werden gute Wünsche und Geschenke ausgetauscht und Gott dafür gedankt, dass man den Fastenmonat Ramadan gut überstanden hat. Neu eingekleidet begibt man sich zum Gebet in die Moschee (das ist die Gelegenheit, bei der die meisten Gläubigen zusammenkommen). Es werden Besuche bei der Verwandtschaft abgestattet und Bankette gegeben, von denen ein Teil an die Armen verteilt wird. Alte Streitigkeiten mit Verwandten und Freunden werden beigelegt, um nun die schönen Seiten des Lebens genießen zu können.

❖ Maulid an-nabi: Geburtstag des Propheten am 12. rabi'. Dieses Fest wird seit dem 10. Jahrhundert begangen. Für die Sufis ist dies ein äußerst wichtiger Tag, stellt er den Höhepunkt von Feierlichkeiten dar, die am 1. rabi' beginnen. Es werden Loblieder auf den Propheten und Berichte zu seinem Leben gelesen.

❖ Lailat al-mi'radj: die „Nacht der Himmelsreise" (Himmelfahrt) des Propheten am 27. radjab. Gedenkfeier zur nächtlichen Vision des Propheten. Den Tag verbringen die Gläubigen mit Beten und dem Vortragen von Erzählungen über die Himmelsreise (mi'radj) und das Leben des Propheten.

❖ 'id al-adha: das „Opferfest" am 10. dhu l-hidjdja. Das zweite zwingend vorgeschriebene Fest, das normalerweise über drei Tage zelebriert wird und bei dem der Opferung des Propheten Abraham gedacht wird, der kurz davor stand, seinen erstgeboren Sohn Ismael Gott zu opfern. Dieser Begebenheit wird auch am letzten Tag der Wallfahrt nach Mekka gedacht. Es findet ein gemeinsames Gebet und anschließend ein Tieropfer statt, von dem ein Drittel an die Armen verteilt wird.

Drei Festtage, die fakultativ begangen werden können:
❖ der letzte Freitag des Fastenmonats Ramadan mit einem Gebet in der Moschee;
❖ shab al-bara'at am 15. sha'ban, der Tag im Jahr, an dem sämtliche Taten des Menschen aufgezeichnet werden (vor allem bei den indischen Muslimen ein sehr bedeutsames Fest);
❖ 'ashura' am 10. muharram, der Tag, an dem Noah die Arche verließ, Moses und die Hebräer aus Ägypten auszogen und Husain durch die Hand der Araber bei Kerbela den Märtyrertod fand. Ein hoher Festtag bei den Schiiten.

Außerdem seien noch erwähnt:
❖ der 1. muharram, der Tag des Auszugs bzw. der „Auswanderung" des Propheten aus Mekka und der Beginn des muslimischen Jahres;
❖ der Fastenmonat Ramadan.

Die Entstehung des Sufismus

Jede Religion weckt in den Seelen derer, die nach Gott dürsten und bereit sind, ihren Durst an der Licht-Quelle zu löschen, das Bedürfnis nach mystischer Suche jenseits aller bürokratischen Zwänge einer Religion, die zuweilen – leider – nur innerhalb eines begrenzten Horizontes von Vorschrift und Kult gedacht wird.

Die reiche Welt des Nahen und Mittleren Ostens, Erbe der ruhmreichen Taten Alexanders des Großen, der Römer, Byzantiner, Parther und Sassaniden, bot all jenen einen kulturellen Nährboden, die versuchten, innerhalb des Islam letztendlich die Vereinigung einer mystisch-asketischen Strömung mit einem monolithischen Synkretismus herbeizuführen. All jenen, die in ihrer Suche nach spiritueller Bestätigung der allgemeinen Konsumhaltung der Zeit und dem irdischen Ruhm entflohen, boten sich mehrere Wege an: der Weg der Asketen (nussak; zuhhad, Singular: zahid, von zuhd: Verzicht), der Weg der Büßer (nasikun), jener der Wanderprediger (qussas), der Weg des Tadels (malamatiya oder malamiya) oder auch jener noch recht unklar und ungenau formulierter Weg des Sufismus. Darüber hinaus waren noch andere, wenn auch tadelnswerte Formen „geistiger Suche“ möglich. Sie alle existierten nebeneinander, überschnitten sich gelegentlich oder bekämpften sich manchmal auch gegenseitig. Wer nicht den kontemplativen Weg, sondern eher den bodenständigen und ebenen Weg der Aktion (eine Art Bhakti entsprechend den

Rechts: Fenster der Grabstätte von Agi Bektasch; Kappadokien (Türkei).

Links: Ein Sufi-Gelehrter; Miniatur von Reza Abbasi (1634), Ispahan (das heutige Isfahan im Iran).

Unten: Grabstätte des Sufi-Meisters Seyid Bakuvi aus dem 15. Jh.; Baku (Aserbaidschan).

kriegerischen Auffassungen der hinduistischen Bhagavadgita) einschlagen wollte, konnte sich entweder für eines der an den Grenzen des Islam zu deren Bewachung errichteten Wehrklöster (ribat) entscheiden, wo er zwischen Religion und Askese den Beruf des „Waffenmönches" ausüben konnte, oder aber auch einer futuwwa, einer Vereinigung der Handwerker oder Ritter innerhalb der islamischen Handwerkszünfte beitreten, die sich einem ethisch-altruistischen Ideal verschrieben hatte, welches das Wohl des Nächsten über das eigene stellte.

Historisch gesehen finden sich die Vorläufer des Sufismus in den arabischen Kolonien von Basra und Kufa. Die eher rationalistisch ausgerichtete und der Realität verpflichtete Bewegung von Basra zählte fünf bedeutende Meister, die zahlreiche Anhänger um sich versammelten; die tolerantere, tendenziell schiitische und neuplatonische Bewegung von Kufa hatte sieben Meister, auf die der Beginn der mystischen Suche im Bagdad des 9. Jahrhunderts zurückgeht.

Schon in den ersten Jahrhunderten nach Mohammed lässt sich folglich auch im Islam eine Tendenz zur Mystik ausmachen, die womöglich als Basis des historischen Sufismus anzusehen ist. Für Djami (1414-1492) existiert „ein Unterschied zwischen dem abd (Diener, Gläubige, 1. Stadium), dem khadim (Eiferer, religiöse Diener,2. Stadium), dem faqir (der Arme, 3. Stadium) und dem zahid (Asket, [derjenige der Ekel empfindet], 4. Stadium). Ein malamati kann diese vier Stadien durchlaufen, sie aber nicht überwinden, und ist dann ein qalandar (Derwisch). Dann sind da noch die mutasawwif: Sufis „auf dem Pfad", die allerdings wegen irdischer Ambitionen unvollkommen sind. Schließlich gibt es den Sufi, der all diese Stadien durchläuft und sie dann überwindet, weil Gott sein einziges Ziel ist". Im muslimischen Kontext interessierte man sich jedoch nicht für die „Ursprünge" des Sufismus: Es waren Gelehrte aus dem Westen, die sich in den beiden vergangenen Jahrhunderten seiner Erforschung zuwandten und ihn von christlichen, indischen, zoroastri-

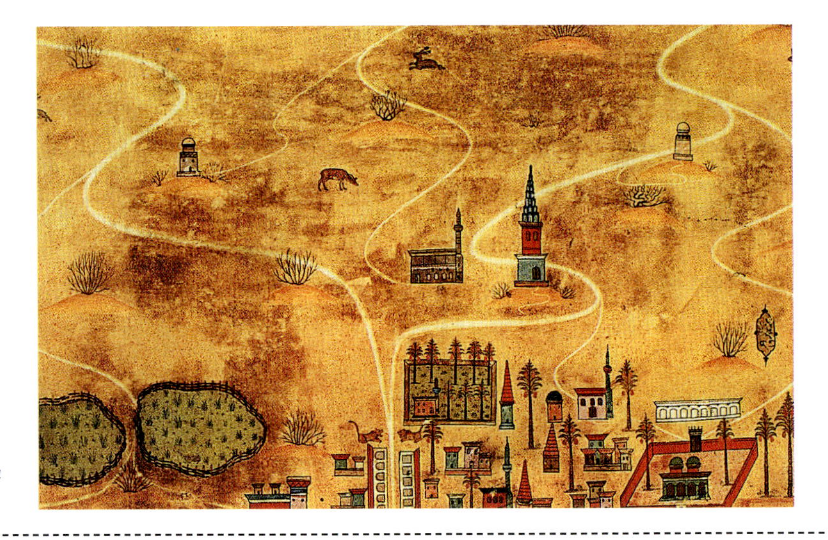

Oben: Grabstätte der Sufi-Vereinigung (tariqa) Naqshibendi in Vartacen (Aserbaidschan).
Rechts: Dergah aus dem „Menazilnameh" von Matrakji aus dem 16. Jh.; Bibliothek des Topkapı Sarayi Müzesi, Istanbul.

Rechte Seite, oben: Sufi-Versammlung; Diwan des Amir Dihlawi aus dem 18. Jh., Iran.
Unten: Eingang zur dergah Sulamija in Sanaa (Jemen).

schen und anderen Askeseformen abzuleiten versuchten, allerdings nicht immer mit der für Forscher notwendigen Objektivität.

Darauf beschränkte sich, kurz gefasst, die westliche Geschichtsschreibung, die in ganz besonderem Maße ihr Augenmerk auf die etwaigen Entlehnungen und möglichen Wechselbeziehungen zwischen Christentum und Islam richtete, sich aber so gut wie gar nicht mit jenen Religionen beschäftigte, die in vorislamischer Zeit in den Ländern Zentral- und Ostasiens existierten und ihrerseits möglicherweise einen Einfluss ausübten. Türkische Stämme zogen durch dieses weitläufige asiatische Gebiet; und gerade die Türken charakterisierten sich durch ihr offenes Interesse für fideistisches Gedankengut.

Man muss bedenken, dass der Buddhismus eine elitäre Religion war und seinen Ausdruck vor allem in der Koordinierung des gut organisierten und mächtigen Klosterordens fand. Es ist nicht auszuschließen, dass, nachdem die türkische Intelligenzija vom Buddhismus zum Islam übergetreten war, die von ihr abhängige buddhistische Klosterelite allmählich in etwas abwanderte, das man als islamisches „Mönchstum" bezeichnen könnte. Die Qalandariya, eine muslimisch-mystische Strömung, konnte sich ab dem 11. Jahrhundert in Khorasan als Sufi-Orden behaupten, dem sich zahlreiche buddhistische Mönche anschlossen. Im Laufe des 13. Jahrhunderts stand der Orden unter stark buddhistischem Einfluss, erst nach seiner Ausbreitung gen Westen durch das Wirken von Savi (†1232) ordnete er sich vollständig der Scharia unter.

Im Zusammenhang mit der Entstehung des Sufismus kann man folglich von zwei Welten sprechen: einerseits die mit dem Synkretismus der Geisterbeschwörungsphilosophien klassischen Ursprungs verbundene Welt im Westen und andererseits die schamanische, indische, buddhistische Welt im Osten. Ohne dabei zu vergessen, dass beide Welten gleichermaßen nicht nur die mystische Philosophie und Literatur, sondern auch die Wissenschaften – Medizin, Chemie, Mathematik, Geometrie, Astronomie einschließlich Astrologie und Alchemie – auf den Islam übertrugen.

Dank des Sufismus konnte im Laufe der letzten Jahrhunderte die Dichtung (in arabischer, persischer und vor allem türkischer Sprache; dank der Präsenz sufistischer Dichter aber auch in den anderen Sprachen der weiten Welt des Islam) in der Tat einen beträchtlichen Aufschwung verzeichnen. Auch die Wissenschaften entwickelten sich weiter, entweder weil die größten

Die Bedeutung des Sufismus im Islam

Die Tragweite des Sufismus war – in der islamischen Welt – von höchster Relevanz. Einen Eindruck davon vermitteln einige Sätze von Seyyed Hossein Nasr, einem der größten muslimischen Philosophen des 20. Jahrhunderts: „Um die Lehren des Sufismus umfassend darlegen zu können, sollte zumindest die sufistische Doktrin kurz skizziert werden. Sie umfasst die Metaphysik bzw. das Studium des Prinzips und der Natur der Dinge; die Kosmologie in Bezug auf die Struktur des Universums und die unzähligen Seinszustände; die traditionelle Psychologie, mit der eine Psychotherapie einhergeht, die zu den tief greifendsten zählt, die es überhaupt gibt; und schließlich die Eschatologie, wo es um den letzten Zweck des Menschen und des Universums und das Dasein des Menschen nach seinem Tod geht. Eine Darlegung der sufistischen Lehren sollte darüber hinaus eine Abhandlung über die spirituellen Methoden, ihre Anwendung und die Art und Weise, wie sie in der Substanz der Seele des Schülers selbst Wurzeln fassen, enthalten."

Die größten Sufi-Bruderschaften

Im Laufe der Jahrhunderte bestimmte die mystische Suche der Sufis – wegen ihrer Freizügigkeit und dem Wirken großer Meister – die Entstehung einer beträchtlichen Anzahl von Bruderschaften und weiterer Verzweigungen, von denen manche bis heute aktiv sind, andere aus diversen Gründen untergingen. Von den 124 wichtigsten Bruderschaften seien die bekanntesten und verbreitesten genannt:

Qadiriya, gegründet von Abd al-Qadir al-Djilani (†1166). Das Mutterhaus befindet sich heute in Bagdad; mit zahlreichen Niederlassungen weltweit.

Rifaiya, im Irak von Ahmad ar-Rifai (†1175) gegründet; mit zahlreichen Verzweigungen.

Chishtiya, afghanisch-indischer Herkunft, gegründet im 13. Jahrhundert mit Zentrum in Ajmer (Nordwestindien).

Mawlawiya (Mevlevis), gegründet von Djalal ad-Din Rumi (†1273); wegen des so genannten Wirbeltanzes der Derwische im Westen sehr bekannt.

Cerrahiye-Chalwetiye (Cerrahi-Chalweti), Ableger der Bruderschaften Suhrawardiya und Chalwetiye, gegründet von Zahir ad-Din (†1397); im Jahr 1704 von Nur ad-Din al-Jerrahi nach Istanbul gebracht.

Naqshbandiya, zunächst von Abd al-Ghujdawani (†1220) in Buchara gegründet, später von Mohammed an-Naqshbandi (1318–1389) neu gegründet. Bruderschaft (tariqa) mit leicht politischer Ausrichtung, da sie dem Islam in Ländern zum Überleben verhalf, in denen der Kommunismus ihn auszuradieren versuchte.

Wissenschaftler Sufi-Meister waren (man denke an den Türken Avicenna, ohne den die europäische Medizin undenkbar wäre) oder weil die Wissenschaften an universitären Einrichtungen gelehrt wurden, die Sufis gegründet hatten (es sei daran erinnert, dass die älteste Universität der Welt, an der heute noch gelehrt wird, die islamische Al-Azhar-Universität in Kairo ist). Die größten Architekten des Islam waren Sufi-Meister, ebenso die bedeutendsten Kalligraphen, Miniaturisten, Musiker, Soziologen und Psychoanalytiker.

Neben dichterischen Werken – die meist Bilder enthalten, die sich auf die verschiedenen Geisteszustände (ahwal; Singular: hal) der Seele in ihrer Suche nach dem Göttlichen beziehen – existieren unzählige Abhandlungen in Prosa. Während einige offensichtlich doktrinäre Absichten verfolgen, sind manche eher praktisch orientiert und andere wiederum haben eher beschreibenden Charakter und versuchen, statt geradewegs Weisungen zu erteilen, ein nachahmenswertes Vorbild zu präsentieren. Die umfangreiche Sufi-Literatur ist wie ein weiter Ozean, dessen Wogen zwar die unterschiedlichsten Formen annehmen und sich in verschiedene Richtungen bewegen, letzten Endes aber immer zu dem reinen und einfachen Element zurückkehren, aus dem sie entstanden sind.

„Auch im Bereich der Bildung", so Nasr weiter, „gewann der Sufismus enorm an Einfluss, als er seine wesentliche Aufgabe in der umfassenden Erziehung des Menschen erkannte, mit dem Ziel, ihn dazu zu bringen, all seine Fähigkeiten zu persönlicher Entfaltung und Selbstverwirklichung auszuschöpfen. Die unmittelbare Beteiligung vieler Sufis an der Gründung von Universitäten sowie die Rolle der Sufi-Zentren als Bildungsträger für eine breite Öffentlichkeit machen es unmöglich, die

Linke Seite: Eine muslimische Gebetsschnur (tashbi) aus 990 Perlen; Kloster Mewlana, Konya (Türkei).

Oben: Das Mausoleum von Djalal ad-Din Rumi im Kloster Mewlana, Konya (Türkei). Rechts: Sufis der Mevlevis-Bruderschaft, die in Europa wegen ihres Wirbeltanzes bekannt sind.

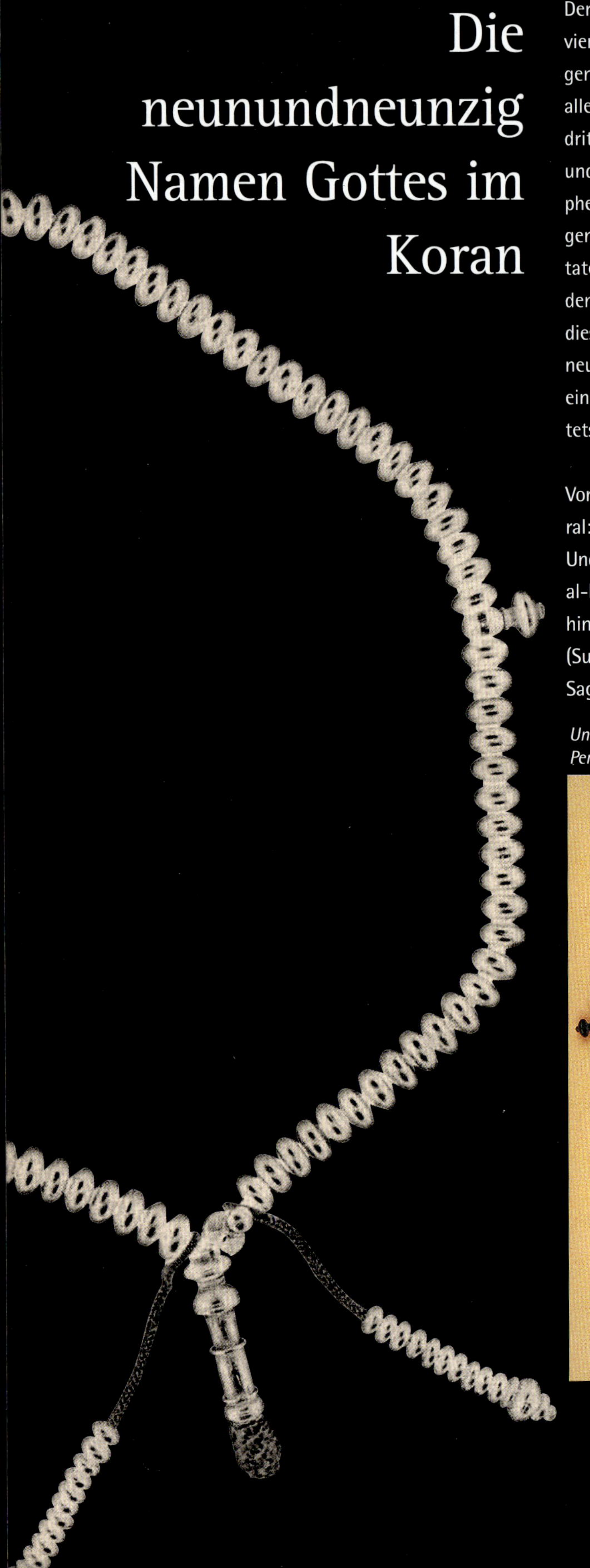

Die neunundneunzig Namen Gottes im Koran

Der islamischen Theologie zufolge gibt es insgesamt viertausend Gottesnamen – vokalisierte Darstellungen seiner Attribute. Tausend davon sind nur Gott allein, weitere tausend Gott und den Engeln, das dritte Tausend Gott, den Engeln und den Propheten und die letzten tausend Gott, den Engeln, den Propheten und den Gläubigen bekannt. Von diesen letztgenannten tausend Namen sind dreihundert im Pentateuch, dreihundert in den Psalmen, dreihundert in den Evangelien und hundert im Koran erwähnt. Von diesen hundert Namen wiederum sind neunundneunzig den gemeinen Gläubigen bekannt, während ein Name verborgen, geheim und nur den erleuchtetsten Mystikern zugänglich ist.

Von den neunundneunzig Namen (Singular: ism, Plural: asma') ist im Koran selbst die Rede:
Und Gott stehen (all) die schönen Namen zu (al-asma' al-husna). Ruft ihn damit an und lasst diejenigen, die hinsichtlich seiner abwegige Haltung einnehmen! (Sure 7,180)
Sag: Ihr mögt zu Gott beten oder zum Barmherzigen.

Unten: Eine muslimische Gebetsschnur (tashbi) aus 99 Perlen.

Oben: Buchumschlag eines Korans mit den 99 Namen Gottes; eine Dergah des Sufi-Ordens Cerrahi-Chalweti, Istanbul.

Wie ihr ihn auch nennt, ihm stehen (all) die schönen Namen zu. (Sure 17,110)

Gott (ist einer allein). Es gibt keinen Gott außer ihm. Ihm stehen (all) die schönen Namen zu. (Sure 20,8)

Der Prophet Mohammed sagte: „Neunundneunzig Namen gehören Gott allein. Wer sie lernt, begreift und aufzählt, der wird ins Paradies kommen und dem wird ewiges Heil zuteil werden." Und der Mystiker Tosun Bayrak, Scheich der Sufi-Bruderschaft Cerrahiye-Chalwetiye: „Die schönen Namen Gottes sind der Beweis für die Existenz und Einzigartigkeit Gottes. O ihr, die ihr durch die Schwere eures Leidens unter der materiellen Welt ausgedörrt und verwirrt seid, möge Gott euch Seine schönen Namen zum lindernden Balsam für eure geschundenen Herzen werden lassen. Lernt, begreift und sagt die schönen Namen Gottes auf. Sucht nach den Spuren dieser Attribute Gottes in den Himmeln, auf der Erde und in dem, was in euch selbst schön ist. So werdet ihr daraus einen Gewinn ziehen, der sich am Umfang eurer Aufrichtigkeit bemisst. Mit Gottes Zustimmung wird der Zweifler Gewissheit erlangen, der Unwissende zur Kenntnis gelangen, der Verneinende bejahen. Der Geizige wird großzügig werden, die Tyrannen den Kopf senken, das Feuer in den Herzen der Neider verlöschen." Das „Wesen" dieser Attribute Gottes zu begreifen, besänftigt die Seele, flößt Vertrauen ein und bereichert den Geist. Darum ist es – auf der rein praktischen Ebene – auch Usus, die Gottesnamen zu wiederholen und dabei eine Gebetsschnur aus neunundneunzig Perlen zwischen die Finger gleiten zu lassen (es gibt auch welche mit dreiunddreissig Perlen, die dann dreimal durchgezählt werden). Solche Gebetsschnüre heißen subha auf Arabisch und tashbi auf Türkisch. Möglicherweise entstanden sie in Nachahmung der buddhistischen Gebetsschnüre mit hundertacht Perlen, wie sie seit dem 4. Jahrhundert in Zentral- und Ostasien verbreitet waren. Ihrerseits diente die muslimische Gebetsschnur als Vorbild für den Katholischen Rosenkranz, der gegen Ende des 12. Jahrhunderts aufkam und in der Folgezeit seine heutige Gestalt annahm.

kulturelle Entwicklung des Islam losgelöst vom Einfluss des Sufismus zu betrachten. Als in bestimmten Epochen das traditionelle Bildungssystem in einigen islamischen Gegenden zerstört wurde – zum Beispiel in der Zeit nach den Invasionen durch die Mongolen –, waren die Sufi-Zentren die einzigen Orte, an denen auch das offizielle und akademische Wissen bewahrt blieb; die traditionellen Schulen konnten auf der Grundlage ihrer Kenntnisse wieder aufgebaut werden."

„Im Bereich der Wissenschaften und der Künste war der Einfluss des Sufismus enorm. In fast allen Kunstrichtungen, von der Dichtung bis hin zur Architektur, ist die Affinität zum Sufismus besonders stark ausgeprägt. Bereits in ihrem hiesigen Dasein leben die Sufis wie in einer Vorhalle des Paradieses, und folglich strahlen sie eine Aura spirituellen Glanzes aus, dessen Schönheit sich in all ihren Reden oder Handlungen widerspiegelt. Für den Islam ist Gott das Schöne, und dieses Merkmal scheint im Sufismus, der gleichermaßen das Mark des Islam darstellt und seine Essenz beinhaltet, besonders ausgeprägt zu sein. Es ist kein Zufall, dass die Texte von erhabenster Qualität und Schönheit aus der Feder von Sufis stammen!"

Viele bedeutende muslimische Architekten sind über die Symbolik und den goldenen Schnitt mit dem Sufismus verbunden; viele Meister der Kalligraphie und Miniaturisten waren Anhänger eines Sufi-Ordens. Die Musik ihrerseits wurde im Islam zwar für rechtmäßig erklärt, war aber anfangs nur in Form des spirituellen Konzerts (samaa) zugelassen, das eines der wesentlichen Elemente des Sufismus darstellt. So kam es, dass die Tradition der arabischen, iranischen und türkischen Musik über die Jahrhunderte hinweg vor allem von Sufis kultiviert wurde; einige Entwicklungen der indischen Musik weisen sogar direkte Verbindungen zum Sufismus auf.

Sufis waren auch deswegen große Liebhaber der Künste, weil dem Weg des Sufismus zu folgen zugleich bedeutet, sich der göttlichen Schönheit bewusster zu werden, die sich in allem manifestiert, denn der Prophet sagt: „Gewiss, Gott ist schön und liebt die Schönheit".

Schließlich sei noch anzufügen, dass sich das Interesse des Westens für den Sufismus auch in dem Aufkommen vieler Verbindungen „falscher Sufis" – neben ebenso zahlreichen falschen spirituellen Gurus und Heilern als Wesensmerkmal der New-Age-Bewegung – zeigt; Verbindungen, die gewiss aus einem echten Interesse für die jahrhundertealten Traditionen heraus entstanden sind, deren authentischen, gleichbleibenden, profunden Anspruch die Menschen allerdings weder aufnehmen können noch anzunehmen in der Lage sind.

Mohammed und die Wissenschaft

Der Theologe Abu Zakarija an-Nawawi (1233–1277), Exponent der schafiitischen Schule, sammelte „Vierzig Aussprüche des Propheten“, von denen der 36. besagt: „Wie Abu Huraya berichtet, hat der Prophet gesagt: Wer im diesseitigen Leben eines Gläubigen Leid lindert, dem wird Gott am Tag der Wiederauferstehung ein Leid lindern. Wer im diesseitigen Leben einem anderen hilft, der in Schwierigkeiten steckt, dem wird Gott im Diesseits wie im Jenseits zu Hilfe kommen. Wer einen Muslim beschützt, dem wird Gott im hiesigen wie im anderen Leben Schutz gewähren. Gott steht seinem Diener bei, wenn dieser seinem Bruder beisteht. Wer einen Weg beschreitet und darin eine Wissenschaft sucht, dem wird Gott den Weg zum Paradies ebnen.“ In einem anderen Hadith sagt Mohammed: „Sucht die Wissenschaft, und wenn ihr euch bis nach China begeben müsstet, um sie zu finden.“ Selbst der Koran enthält an mehreren Stellen eine Aufforderung zum Studium. So fördert denn auch der Islam die Wissenschaften; von Anfang an werden die Medizin, die Astronomie, die Physik, die Chemie, die Psychologie – sämtliche Forschungsbereiche – auf einem hohen Niveau (dem Instrumentarium der damaligen Zeit entsprechend) betrieben. Und der Islam ist es auch, auf den sich noch viele Jahrhunderte später die wissenschaftlichen Kenntnisse der Europäer stützen.

Ein altes arabisches Sprichwort besagt, dass die Herrlichkeit Gottes im Buch der Himmel geschrieben steht. In den Büchern über den Himmel steht die Herrlichkeit des Islam geschrieben: Arabischen Ursprungs ist in der

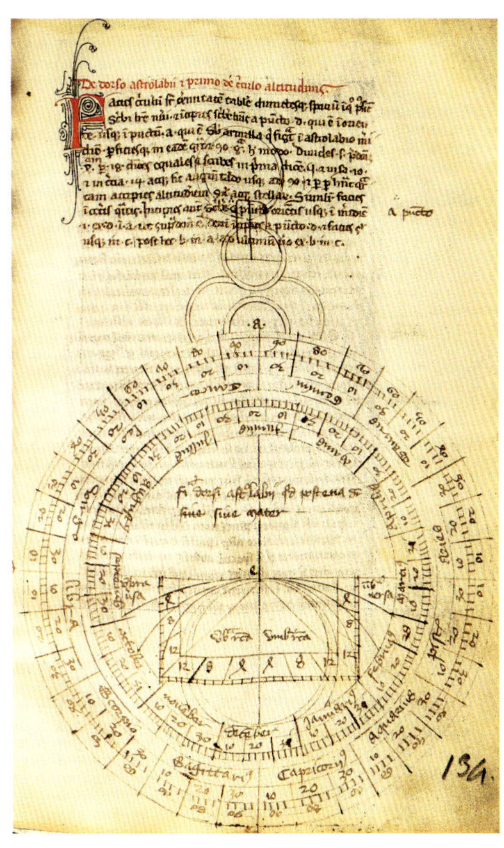

Linke Seite, oben: Ein sama findet vor dem König Ghazan aus Transoxanien statt; Miniatur von 1318. Unten: Ein kashgöl (Almosenschale) der Sufi-Bruderschaft Nimatallah, 15. Jh.

Oben: Ein Astrolabium; iranisches Kunsthandwerk, 15. Jh. Unten: Italienische Übersetzung der „Studie des Astrolabium“ von Fakraddin Karki, Codex, 14. Jh.; Nationalbibliothek Neapel.

Tat der Großteil der Benennungen der Gestirne und technischen Fachtermini. Bereits zu Beginn des 9. Jahrhunderts hatte der Kalif al-Mamun in Bagdad ein Observatorium errichten lassen. Im 10. Jahrhundert breiteten sich auch in Europa die perfekten islamischen Astrolabien aus, die Gerbert von Aurillac (um 930–1003), der nach seinem Studium an den islamischen Universitäten im muslimischen Spanien zum Papst gewählt wurde und fortan Silvester II. hieß, beschrieben hat. Die Chinesen waren vielleicht die Ersten, die die Eigenschaften der Magnetnadel entdeckten, doch waren es Muslime, die ihre Prinzipien anwendeten, nachdem sie den Kompass erfunden hatten. Abu Abd Allah al-Battani (um 858 –929) bestimmte unter anderem die Schiefe der Ekliptik, die Länge des tropischen Jahres, die Sonnenbahn und die Erdumlaufbahn mit einer Abweichung von nur 24 Sekunden gegenüber dem heutigen Wert. Der überragende Astronom und Mathematiker al-Charismi (†850), der Erfinder der Logarithmen und der Algebra, ursprünglich arabischen Begriffen (die Bezeichnung Algorithmus leitet sich von seinem Namen her), verfasste eine Abhandlung über die „Form der Erde“, deren lateinische Übersetzung auf einem europäischen Scheiterhaufen verbrannt wurde.

Abu l-Wafa (†998) entwickelte die Trigonometrie und die Sphärengeometrie, erfand die Sinus- und Tangenstafeln und entdeckte die Störung des Mondumlaufs (Variation); fünfhundert Jahre vor Galilei untersuchte der Perser Abu r-Raihan al-Biruni (973–1050), Autor von 103 bedeutenden Schriften zu verschiedenen wissenschaftlichen Sparten, die Rotationsachse der Erde.

Der andalusische Geograph Abdullah al-Idrisi (1100–1166) verfasste für Roger II. von Sizilien eine Abhandlung mit dem Titel „Rogerbuch“, in der er lange vor Galilei (1564–1642) die Erde als eine Kugel beschreibt, die zusammen mit anderen Planeten um die Sonne kreist.

Der persische Dichter und Mathematiker Chajjam (†1123), in Europa für seine Vierzeiler bekannt, löste Gleichungen dritten und vierten Grades mittels Kegelschnitten.

Berühmt war ab dem 13. Jahrhundert die von Nasir at-Tusi gegründete Schule für Astronomie in Maragheh, nach deren Vorbild die Schulen von Täbris und Damaskus errichtet wurden. Der größte islamische Astronom aller Zeiten war der türkische Herrscher Ulug Beg, der 1420 in Samarkand eine Sternwarte erbaute, die wegen ihrer modernen Ausstattung zahlreiche Astronomen anzog. Das letzte wichtige muslimische Observatorium für astronomische Zwecke errichtete Taqi ad-Din in den Jahren 1575 bis 1577 in Istanbul; danach wurden äquivalente Observatorien in Indien erbaut.

Auch die geographischen Studien wurden weiterbetrieben. Im Jahr 840 löste Jakub al-Kindi (†874) mit seinen Schriften eine Flut von Studien und Aufsätzen aus, während die Werke von Ibn Chordadbeh (†846), in denen auch von Korea und Japan die Rede ist, den nachfolgenden Geographen als Grundlage dienten. Die beherrschende Figur des 11. Jahrhunderts war al-Biruni, die des 14. Jahrhunderts Ibn Battuta (1304–1377), der China, Sri Lanka, Zentralasien, Nigeria und Byzanz bereiste. Das „Geographische Wörterbuch" von Jakut (1179–1229) enthielt eine Aufstellung aller bekannten Städte und Orte in alphabetischer Reihenfolge, Angaben über die Erdmaße und die Klimazonen sowie politische Informationen und nahm damit die Aufteilung heutiger Atlanten vorweg. Im 15. Jahrhundert tat sich Shihab Ibn Madjid, der nicht nur ein bedeutender Seefahrer, sondern auch ein herausragender Literat war, hervor. In seinen 22 Hauptschriften lässt er sich ausführlich über die Mondphasen, den Kompass, den Indischen und den Atlantischen Ozean aus; er lotste Vasco da Gama – der ihn „Malemo Canaqa" nannte – von Malindi, in Afrika, bis nach Kalkutta, in Indien. Weltberühmt im ausgehenden 15. Jahrhundert war schließlich der türkische Admiral Piri Re'is (1473–1554), der 1513 einen „Großen Weltatlas" vervollständigte, der größtenteils im Topkapi Sarayi Müzesi in Istanbul ausgestellt ist und Karten mit detaillierten Angaben zu den Küsten Amerikas enthält.

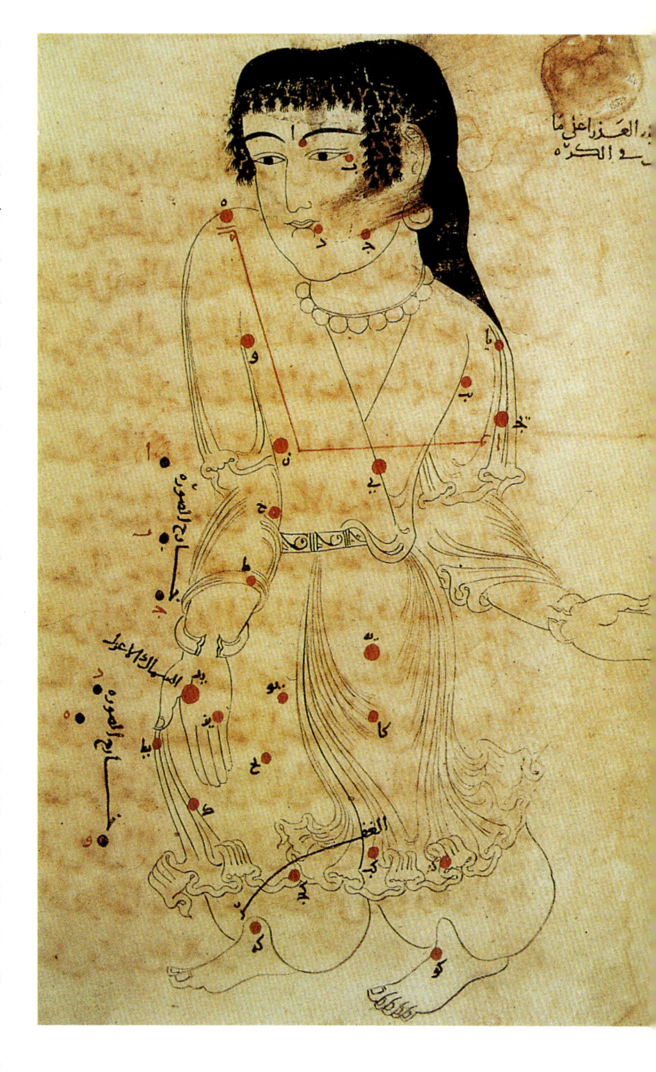

Angewandte Wissenschaften und wissenschaftliche Praxis

Bedeutend war der islamische Beitrag auch für die Bereiche der Chemie, Mathematik, Optik, Botanik sowie für die Entwicklung der Technologie, der Sozialwissenschaften und der Musik, von der Medizin ganz zu schweigen, der ein eigenes Kapitel gewidmet ist. Aber

Linke Seite, oben: „Das imperiale Haus der Astronomen", Miniatur von 1418; Universitätsbibliothek in Istanbul

Unten: Die große Armillarsphäre von Murad III. (1581); Universitätsbibliothek in Istanbul.
Oben: Die Konstellation der Jungfrau; Bodleian Library, Oxford.

damit nicht genug, selbst die wissenschaftliche Methodologie führten die Muslime ein.

Auf dem Gebiet der Mathematik – über die wir bereits im Zusammenhang mit der Astronomie etwas erfahren haben – war einer der bedeutendsten Beiträge des Islam die Einführung der indischen Zahlen und der Null (sifr), die heute noch als arabische Zahlen bezeichnet werden. Im Orient waren sie bereits seit dem 8. Jahrhundert in Gebrauch, während das christliche Abendland bis zum 12. Jahrhundert weiterhin die römischen Ziffern verwendete. Die Anfänge der europäischen Mathematik (1202) gehen auf Leonardo Fibonacci zurück, der bei einem arabischen Meister studierte und die islamischen Texte übersetzte.

Der Mathematiker und Physiker Ibn al-Haitham (965 –1039) war ein großer Pionier auf dem Gebiet der Optik. Er führte Experimente mit 27 verschiedenen Linsentypen durch, entdeckte die Brechungsgesetze und dass das Auge die Lichtstrahlen reflektiert. Sein Werk, das 1572 in Basel unter dem Titel „Thesaurus opticus" erschien, diente als Grundlage für die Ausbildung namhafter Wissenschaftler wie Bacon, Leonardo da Vinci, Kepler und Newton.

Auf dem Gebiet der Chemie, die auf experimentellen Methoden basierte, erfand der große Djabir Ibn Hajjan as-Sufi (†813) die Destillation von Wasser und viele unterschiedliche Apparaturen für Laborzwecke; er identifizierte zahlreiche Salze, Basen und Säuren, stellte Schwefelsäure, Ätznatron und Terpentin her und entdeckte das Quecksilber. Er sollte nicht mit seinem Namensvetter Abu Marwan Ibn Hajjan (987–1976), dem bedeutendsten Geschichtsschreiber des Mittelalters, verwechselt werden.

Der Perser Abu Bakr ar-Razi

Links: Ein osmanisches Observatorium im 18. Jh.; Bibliothek des Topkapi Sarayi Müzesi, Istanbul.
Rechte Seite, oben: Ein Wasserrad in Hama am Orontes (Syrien).
Unten: Stammbaum von Murad IV.; Biblioteca Ambrosiana, Mailand.

(um 854–935), Direktor des Krankenhauses von Raj, Philosoph, Arzt und Chemiker, ordnete die chemischen Substanzen nach Klassen und diagnostizierte, dass die Funktionen des menschlichen Körpers auf komplexen chemischen Reaktionen beruhen. Der spanische Mathematiker, Astronom und Chemiker Maslama al-Majriti (954–1007) demonstrierte das Prinzip der chemischen Konservierung von Masse, das in Europa erst rund 900 Jahre später von Lavoisier dargelegt wurde.

Auf das Arabische gehen unter anderem folgende Begriffe zurück: Chemie (al-kimija), Alkohol (al-kuhl), Alkalien (al-qaly), Arsen (al-zirnih). Mit islamischen Praktiken verbunden sind die Destillation von Rosenwasser, die Parfums und ätherischen Öle, die Destillation von Rohöl, die Gewinnung industrieller Schmieröle mittels Säureraffination, die Herstellung von Seife, Glas, Keramik, Tinte, Tinkturen und Metalllegierungen (berühmt sind die Damaszener und Toledaner Klingen). In der Medizin wurden Sirups verabreicht, eine Bezeichnung, die sich direkt vom Arabischen herleitet. Al-Gazari erläuterte die empirische Kontrollmethode und legte die Kalibrierungsparameter fest; Djabir stellte erstmals eine Lasur für kommerzielle Zwecke her; einige Farben wie Lila (lailak), Karmin und Karmesin (qirmizi) wurden aus der islamischen Welt nach Europa importiert. In Europa wurden verschiedene Bewässerungstechniken aus islamischen Ländern eingeführt, außerdem das Wasserrad, die Windmühle, das unterirdische Leitungssystem (qanat) sowie diverse zahnradbetriebene Maschinen, allen voran die Wasseruhr.

Auf dem Gebiet der Landwirtschaft ist bekannt, dass die Muslime zusammen mit den entsprechenden Anbaumethoden Sesam, Johannisbrot, Hirse, Reis, Zitronen bzw. Limonen (limun/laimun), Melonen, Aprikosen (al-berquq), Schalotten (das heißt „aus Askalon“), Aloe, Ingwer, auch Zingiber genannt (zanjabil), vor allem aber den Zucker (sukkar) einführten. Und darüber hinaus auch besondere Stoffe wie Musselin (nach der Stadt Mosul), Damast (nach Damaskus), Samt und Satin (zaytuni).

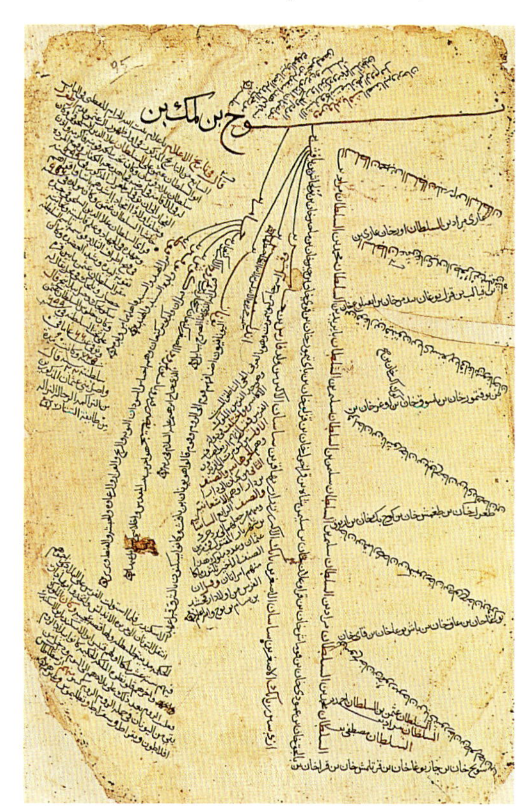

Eine aktive Rolle beim Wissensaustausch spielten vor allem die Templer, und neben dem andalusischen Zentrum des muslimischen Spanien, das überaus viele Gelehrte des christlichen Europa besuchten, bildeten die Kreuzzüge ein bedeutendes Vehikel für den Wissenstransfer. Doch der ganze kulturelle Eifer wäre ohne die Buchkultur mit ihrem hohen Engagement für wissenschaftliche Belange und die Liebe zur Schrift kaum denkbar gewesen, die die islamische Kalligraphie zu einer erlesenen, der Malerei fast überlegenen Kunst erhob. Einer Kunst, in deren vollen Genuss nur derjenige kommen kann, der sie eher als eine Musik begreift, die wie die Musik selbst ihre eigenen Kompositions-, Rhythmus-, Harmonie- und Kontrapunktregeln hat, die zur Freude des Auges und zum ästhetischen Vergnügen des Lesers gereichen. So entwickelte sich die Schrift in frühislamischer Zeit von einer primitiven, unvollkommenen Schriftform zu einer Schriftkomposition mit zahlreichen eigenen „Handschriften“ („Stilen“ oder „Zeichen“) und Darstellungsformen (Linien, Schriftblöcken und anderen grafischen Elementen).

Dabei sollte nicht vergessen werden, dass diese Rührigkeit rund um das Schreiben, wie sie seit frühester Zeit überall in der islamischen Welt auftrat, sich auch der weiten Verbreitung der Karte verdankt, die – von den Chinesen zusammen mit dem Buchdruck im 1. Jahr-

hundert n. Chr. erfunden – seit der Eroberung von Samarkand im Jahr 751 in den islamischen Ländern bekannt war und vielfach verwendet wurde. Von dort breitete sie sich dann in Europa aus, wo eine Erinnerung daran in der Tatsache erhalten geblieben ist, dass eine Einheit mit 500 Bogen Papier „Ries“ (vom arabischen rizmah) heißt. Bereits im Jahr 1040 packten Kairoer Kaufleute ihr Handelsgut in Papierbogen ein.

Der Buchdruck hingegen, der seit dem 9. Jahrhundert bekannt war und gelegentlich praktiziert wurde, erfreute sich keiner großen Beliebtheit, da der explizite Vorzug dem in persona handgeschriebenen Buch gegeben wurde. Hinzu kam, dass die Gilden der Amanuenses (warraqin) bis ins kleinste Detail perfekt organisiert waren und daher die Ergebnisse im Hinblick auf den Kosten- und Zeitaufwand im Vergleich zum Buchdruck so minimale Unterschiede aufwiesen, dass sich das nicht gerade förderlich auf diese Kunst auswirkte. Zum Beispiel war die Schreibwerkstatt des Abd Allah Abu Said al-Mullah in Bagdad im 10. Jahrhundert in der Lage, mit ihren zahlreichen Amanuenses an einem einzigen Tag zwölf Abschriften eines 160 Seiten starken Manuskripts inklusive Bindung anzufertigen. Die warraqin eröffneten ihre Werkstätten in den größten Stadtzentren wie Bagdad, Kairo, Damaskus, Granada, Fez, Buchara, Samarkand und Córdoba. Al-Jakubi berichtet, dass es im 10. Jahrhundert in al-Waddad, einer Vorstadt von Bagdad, ganze 118 Buchhandlungen gab; die bekannteste darunter leitete der Polyhistor und Philosoph Ibn an-Nadim (†990). Das älteste in Serie gefertigte Manuskript geht auf das Jahr 874 zurück, und seitdem erhielten die Autoren eines Textes auch einen gewissen Prozentsatz vom Verkaufserlös.

Linke Seite: Drei Seiten aus dem Pflanzenbuch (Kitab al-hasha'ish) des Dioskurides, Isfahan 1658; Akademie der Wissenschaften, St. Petersburg.

Rechts: „Abhandlung zur Astronomie“, 17. Jh.; Biblioteca Ambrosiana, Mailand.

Von größter Bedeutung waren die Bibliotheken. Die berühmteste unter ihnen war die in Bagdad im Jahr 815 unter dem Kalifen al-Mamun gegründete „Haus der Weisheit“, zu der die Nizamija (1065) und die Mustansirija (1227) hinzukamen. Die Hizanah al-Kutub in Kairo zählte 1.600.000 Schriften, die auf 40 Lesesäle verteilt allesamt „frei zugänglich“ waren. So entstand eine eigene Klassifizierung und neue wissenschaftliche Nachschlagewerke: Bibliografien, Lexika, Leitfaden und bald Enzyklopädien, zum Teil in vielen Bänden, wie die berühmte Rasa'il Ikhwan as-safa' wa hillan al-Wafa', die die „Brüder der Reinheit“ zusammenstellten und die in ihrem Aufbau Diderots Encyclopédie antizipierte.

Die Medizin im Islam

Die islamische Medizin bildete eine Synthese aus der hippokratischen und galenischen Heilkunde (wie sie vor allem im ägyptischen Alexandria praktiziert wurde) und der iranischen und indischen Heilkunde (beide fanden in der sassanidischen Stadt Gundischapur, dem wichtigsten kulturellen Zentrum der Spätantike, Anwendung). Darüber hinaus spielte auch die so genannte Medizin des Propheten (Tibb an-nabi), die sich auf die Aussprüche des Propheten und einige Koranstellen berief, eine gewisse Rolle. Zum wichtigsten Zentrum dieses solchermaßen gewachsenen medizinischen Synkretismus stieg alsbald die Stadt Bagdad auf: mit einer Reihe von Übersetzungen antiker Codices verschiedener Schulen sowie in Griechisch, Pahlewi und Sanskrit verfasster Schriften.

Links: Maimonides.
Oben: Der Arzt Abu Zay appliziert einen Schröpfkopf, aus al-Hariris „Makamen“ (1240), Irak; Akademie der Wissenschaften, St. Petersburg.

Rechte Seite, oben: Das „Zoologiebuch“ von al-Jahiz.
Unten: Das „Bestiarium“ von Ibn Bahtishu (1298); Morgan Library, New York.

Gleichzeitig, und das ist von größter Bedeutung, wurde ein technisches Grundvokabular festgelegt.

Den zweiten beachtlichen Beitrag für die islamische Medizin leistete die Institution des Krankenhauses und demzufolge auch des Irrenhauses. Das erste Krankenhaus entstand bereits im Jahr 707 in Damaskus unter dem Kalifen Walid I. – und arbeitet heute noch. Berühmtheit erlangte in der gesamten islamischen Welt das im 12. Jahrhundert ebenfalls in Damaskus errichtete Nuri-Krankenhaus.

821 schrieb der abbasidische Gouverneur von Khorasan seinem Sohn, dass in dieser türkisch-persischen Gegend zahlreiche Krankenhäuser anzutreffen seien. Gleichwohl war Bagdad seit 790 die Hauptstadt der Medizin und zählte zehn Krankenhäuser – zweihundert Jahre später waren es schon sechzig, wie Ibn Fadlan berichtet –, alle mit einer Apotheke, einer teils öffentlichen Bibliothek und verschiedenen Krankenstationen ausgestattet. Bedeutend war die medizinische Fakultät, Bait al-hikma („Haus der Weisheit“), die der siebte abbasidische Kalif Harun ar-Raschid im Jahr 832 gründete. Sie gab unter anderem eine „Zeitung

der Krankheitsfälle" heraus und verfügte über Spezialabteilungen für Geisteskranke.

Die erste Irrenanstalt gründete Nur ad-Din Mahmud Zanji in Aleppo nach 1157. Die 1260 durch den Mameluckenherrscher Nasir wieder aufgebaute Anstalt hatte drei Abteilungen für die Aufnahme, die Pflege und die chronisch Kranken. Eine andere wichtige Irrenanstalt wurde 1228 auf Betreiben der Prinzessin Turan Malk in der Türkei errichtet. Bekannt war auch die Anstalt von Edirne, eine Zeitlang Hauptstadt des Osmanischen Reiches, die Bajasid II. 1488-98 erbauen ließ. Evlia Celebi, ein berühmter türkischer Geschichtsschreiber, berichtete, dass dort auch Musiktherapie praktiziert wurde.

Werfen wir nun ein Licht auf die großen Persönlichkeiten der islamischen Medizin. Das erste wichtige Werk „Das Paradies des Wissens" schrieb Ali at-Tabari im Jahr 850. Tabaris Schüler, der Perser Abu Bakr Mohammed ar-Razi (854–925 bzw. 935) aus Raj, einer der größten Kliniker aller Zeiten, war sehr geschickt in der Prognose und Analyse von Symptomen und ein exzel-

lenter Anatom und Pathologe. Er war der Begründer der Geburtshilfe, beschrieb als Erster Pocken und Masern und rief die Klinik, im modernen Sinne des Wortes, ins Leben. Eine seiner berühmtesten Schriften, die „Kitab al-hawi fi at-tibb" (die unter dem Titel „Continens" im Jahr 1486 in Brescia gedruckt wurde und in Europa weit verbreitet war), mit Abstand das umfangreichste Werk über Medizin in arabischer Sprache. Es enthält vier Kapitel über Psychiatrie, aber auch eine Untersuchung über den Placeboeffekt und über die Praxis der Psychosomatik. In der Schrift „Sira al-falsafiya" („Medizin des Geistes") handeln gut zwanzig Kapitel von Psychiatrie. Sein Hauptwerk ist eine „Abhandlung über die Pocken und die Pest". Gleich nach ihm ist der Perser Ali Ibn Abbas al-Madjusi (906–995) zu nennen, der „Liber regius" verfasste und ein höchst scharfsinniger Kliniker war.

All diese hervorragenden Ärzte wurden später jedoch von dem Türken Ibn Sina, der im Abendland latinisiert Avicenna hieß, und seinem „Kanon der Medizin", sicherlich das meist gelesene, einflussreichste und nachhaltigste medizinische Werk, in den Schatten gestellt. Avicenna wurde um 980 in Afschana bei Buchara im heutigen Usbekistan geboren und starb im Jahr 1037. Er entdeckte die Wirkungsweise der Tuberkulose und des Diabetes, untersuchte eingehend die menschliche Psychologie und formulierte die Grundlagen für das einwandfreie Verständnis der Funktionsweise des menschlichen

Körpers. Sein „Canon medicinae“, bestehend aus 14 Bänden, die in fünf verschiedene Themenbereiche unterteilt waren, wurde bis ins 18. Jahrhundert hinein auch an europäischen Universitäten zu Studienzwecken gelesen. Ausführlich werden in einzelnen Kapiteln die Themen Zwerchfellentzündung, Delirium, Lethargie, Apathie und Melancholie behandelt. Er unterscheidet sachgemäß zwischen Angst und Depression und liefert auch eine Anleitung für die Behandlung der Fallsucht.

Die erste genaue Beschreibung des Blutkreislaufs verfasste Ibn an-Nafis (†1288), der eine „Medizinische Enzyklopädie“ in 300 Heften und eine Zusammenfassung des

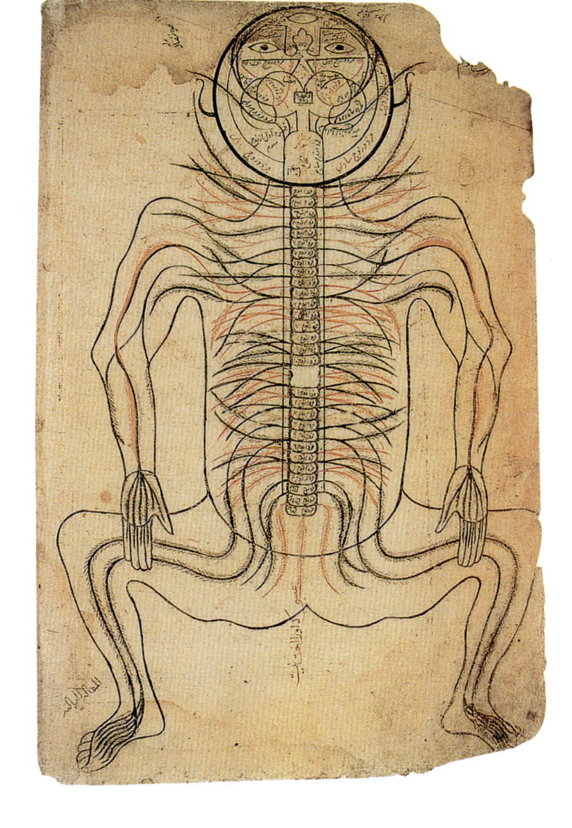

„Kanon“ veröffentlichte. Diesen Wissensstand erreichte Europa erst 1628 mit William Harveys Veröffentlichung.

Ein anderes bedeutendes Fachgebiet war die Augenheilkunde – und in der Tat leiten sich die Bezeichnungen Retina und Katarakt vom Arabischen her. Der erste wichtige Autor auf diesem Gebiet war al-Ibadi (†873). Im 10. Jahrhundert schrieb Ali Ibn Isa al-Kahhal, der bekannteste und meistbefolgte Augenarzt, ein Handbuch für Augenärzte, das „Tadhkirat al-Kahhalin“. Spätere Entdeckungen auf dem Gebiet machte der Iraner Ammar al-Mawsili (11. Jahrhundert).

Im 10./11. Jahrhundert verfasste der Andalusier al-Katib eine berühmte Abhandlung über Gynäkologie. Abu l-Qasim al-Zahrawi war der bedeutendste muslimische Chirurg überhaupt; und seit dem 10. Jahrhundert wurden in der islamischen

Welt chirurgische Instrumente aller Art, auch die komplexesten und spezialisiertesten, angefertigt. In Sevilla wirkte eine kompetente Arztfamilie, die Ibn Zuhr, und führte Operationen am offenen Herzen durch. Nach Avicenna sind für den Iran vor allem Ismail al-Djurdjani (†1136) als großer Enzyklopädist der medizinischen Wissenschaften und der Türke Qutb ad-Din Shirazi (1236 –1311) als Kommentator des „Kanon" zu nennen, die mit großer Meisterschaft sowohl Katarakt-Operationen durchführten als auch Gallensteine operativ entfernten. Zahlreiche Mediziner gaben darüber hinaus der Veterinärmedizin wichtige Impulse.

Es sei noch – ganz allgemein – darauf hingewiesen, dass viele dieser überragenden Mediziner auch Chemiker, Philosophen, manchmal Astronomen waren und alle Sufi-Bruderschaften angehörten.

Wichtig war auch die Pharmakologie. Nach Ansicht von Professor Domenico De Maio, Chefarzt der Psychiatrie am Klinikum Fatebenefratelli, „ist sie das am wenigsten erforschte Gebiet der islamischen Wissenschaft und stellt mit ihren über 600.000 in den Bibliotheken der ganzen Welt verstreuten Manuskripten mit Sicherheit den Löwenanteil dar. Sie spielt in der Tat aus folgenden drei Gründen eine herausragende Rolle: 1) Sie ist frei von Aberglaube; 2) stellt Vergleiche mit weit gefassten Feldern an und akzeptiert Arzneimittel aller Art aus nichtislamischen Gegenden; 3) führt etymologische Produktstudien durch, bezieht die Pflanzenkunde ein und stellt Theorien ›mit Beweisen und Gegenbeweisen‹ auf."

In der Tat gibt es viele bedeutsame Beschreibungen und Handbücher zu diesem Fachgebiet der islamischen Medizin. Der Türke Mohammed al-Biruni (973–1048/50), ein ingeniöser Mathematiker, Astronom, Physiker, Naturforscher, Chronist, Linguist und bedeutender

Linke Seite, unten: Eine unterhaltsame Darstellung des menschlichen Körpers mit Tierkreiszeichen aus einer Schrift von Ibn Habib, 9. Jh., Granada.

Oben: Anatomisches Schema aus dem 15. Jh.; Nationalbibliothek, Paris. Unten: Zubereitung von Theriak, Miniatur von 1199; Nationalbibliothek, Paris.

Sufi-Meister, verfasste neben 180 anderen Werken eine Abhandlung über Arzneikunde mit Synonymen auf Syrisch, Persisch, Griechisch, Afghanisch und Kurdisch.

Auf dem Gebiet der Psychiatrie und Psychotherapie stammte die erste Abhandlung von herausragender Bedeutung aus der Feder von Najab ad-Din Unhammad aus Samarkand aus dem 8. Jahrhundert. Es folgte im 11. Jahrhundert die Schrift „Risala fi at-tibb wa al-ahdat an-naf sanija" von Abu Sa'yd Ibn Bukhtyshu, in der die Ganzheitslehre und die Psychosomatik beleuchtet wurden. Das Thema, das am ausführlichsten behandelt wird, ist die Depression, z.B. von Ibn Masawayh (793–857), von Abu al-Ashath (886–970).

Ishaq Ibn Imran (†970) verfasste eine „Abhandlung über Melancholie", die Constantinus Africanus ins Lateinische übersetzte. Darin unterscheidet der Autor zwischen Traurigkeit, Angst, Unruhe und psychosomatischen Störungen und erläutert die Psychotherapie sowie geeignete Arzneimittel.

Auf dieser Grundlage machte die medizinische Wissenschaft des Islam beachtliche Fortschritte, auch in den Jahrhunderten zwischen den beiden bereits erwähnten unseligen Ereignissen, die sie in ihrem Fortkommen stark behinderten: die mongolische Eroberung durch Dschingis Khan im 13. Jahrhundert sowie die Eroberungen insbesondere durch England und Frankreich, die mit der Zersplitterung des islamischen Gefüges und der Entzweiung der Staaten die Glanzleistungen des Islam fast vollständig ausradierten. Erst heute versucht der Islam, wenn auch unter Schwierigkeiten, an die eigenen Wurzeln anzuknüpfen, aus denen Europa jedenfalls beachtliche wissenschaftliche Beiträge geschöpft hat, gerade in den Bereichen der Heilung und Linderung von Krankheiten und Schmerz.

Links: Der Triumph der Medizin, Miniatur von 1199.
Oben: Mohammed al-Ghafiqi aus Córdoba, der bedeutendste Augenarzt des 12. Jahrhunderts.

Rechte Seite, oben: Innenhof der Al-Azhar-Universität in Kairo, Gemälde von Ludwig Deutsch (1855–1935).
Mitte: Zwei iranische Bücher, 16. Jh.
Unten: Iranische Kalligraphie, 19. Jh.

Alphabet, Verlagswesen und Bibliotheken

Die wissenschaftliche Forschung, der künstlerische Eifer und vor allem der tiefere Sinn der religiösen Suche und aller mystischen Schriften, wären nicht zu verstehen, ließen wir die Schrift außer Betracht.

Um 1600 v. Chr. entwickelten sich aus dem Kanaanäischen das Phönikische und das Früharabische; dann aus dem Phönikischen das Aramäische, Griechische und Frühhebräische; aus dem Aramäischen das Hebräische, Parthische, Palmyrenische und Nabatäische. Aus dem Nabatäischen entwickelte sich das arabische Alphabet bzw. das Nordarabische, „klassische Arabisch". Es wird von rechts nach links geschrieben, daher beginnt ein Buch im Orient auf der Seite, die im Abendland als letzte gilt.

Im Jahr 632 wurde in einer ersten arabischen Schriftform, der so genannten kufischen Schrift, einer eckigen Monumentalschrift, geschrieben; um 900 bildete sich dann eine zweite Form, eine runde Kursivschrift, das Neschi (naskh), heraus. Sehr rasch wurden Regeln für die Kunst des schönen Schreibens festgelegt und die ersten Regelwerke (mufradat) verfasst. Der Wesir Ibn Muqla (†940) aus Bagdad legte die Proportionalität zwischen den Buchstaben fest. Aus dieser Zeit sind uns zwei Frauen überliefert, die sich in der Schriftkunst besonders hervortaten: Thana al-Abdulat und Zaineb Shehede, genannt Sitta ad-Dar.

Noch unter den Abbasiden gründeten zwei Kalligraphen eine berühmte Kunstschule: Ibn al-Bawwab und Jakut al-Musta Simi. Der aus Bagdad stammende Ibn al-Bawwab (†1022/1031) legte die Breite, Höhe und Länge der Buchstaben fest und definierte ein System quadratischer Punkte (noqta). Er entwickelte das mansub fa'ikh („elegant") und begründete die iranische Kalligraphie-Schule. Unter seinen Schülern war Khoja Abu Ali, der das Talik (ta'liq) erfand, eine gedrungene schräge Schreibschrift mit zahlreichen Ligaturen. Jakut al-Musta Simi (1242– 1298), der Erfinder des Jakut-Schreibstils, ist vor allem für die Neugestaltung der Schreibfeder mit schräger Spitze bekannt.

Aus diesen entwickelte sich die türkische Kalligraphie-Schule, die „sieben klassische Schreibstile" hervorbrachte: muhaqqaq (gedrungen), thuluth (rundlich), naskh (von

Ibn Muqla perfektioniert), riq'a (osmanische Kanzleischrift), diwani (dt. Diwani), ta'liq (iranisch) und maghribi. In der Folgezeit kamen noch das raihan, das iranische nasta'liq (dt. Nastalik), das Sultan Mehmed II. in der Türkei einführte, und das shikastah hinzu. Daneben gab es einige Schulen mit regionaler Bedeutung (maghribi, andalusi, bihari).

Auf diese Weise entstanden drei wichtige Zentren der Kalligraphie im Iran, in der Türkei und im Mittelmeerraum. Im Iran, wo in einer ersten Phase eine lokale Handschrift, das piramuz (auf Arabisch kiramiz), eingeführt wurde, von der nur wenige Schriftstücke existieren, sind zwei Hauptschulen zu unterscheiden: die von Djafar Ibn Ali (†um 1456) in Herat gegründete Schule von Khorasan und die durch Abd ar-Rahim al-Khwarenzmi berühmt gewordene Schule im Südosten Irans. Aus der iranischen Schule entwickelte sich die indische Schule, die eine regionale Variante des naskhi, eine kompakte Schriftform, und das behari mit typisch barockisierenden Elementen hervorbrachte. Die indische Schule, die ihrerseits vor allem unter der Dynastie der Moguln zahlreiche hervorragende Meister zählte, beanspruchte für sich, in der legitimen Nachfolge des Mongolenreiches (1526–1857) zu stehen. Die chinesischen Muslime, die in direktem Kontakt zu Afghanistan, Usbekistan und Indien standen, entwickelten einen eigenen, etwas unregelmäßigen Schriftstil, das sini, das für Schriftstücke verwendet wurde, die für den osmanischen Markt bestimmt waren.

Die türkische Schule hatte gleich zu Beginn zwei bedeutende Meister: Uthman Ibn Ali, genannt Hafiz Othman, dessen Lehren noch heute befolgt werden, und den Sufi-Scheich Hamd Allah Amasi (1436–1520), zu dessen Schülern niemand Geringeres als der osmanische Kaiser Bajasid II. zählte. Die Kunst und Meisterlichkeit der türkischen Kalligraphie war so vollkommen, dass der berühmte Spruch geprägt wurde: „Der heilige Koran ward in Mekka offenbart, in Ägypten rezitiert und in Istanbul geschrieben". In der Nachfolge dieser beiden Meister wurden unzählige Schulen gegründet, die ihrerseits große Künstler hervorbrachten, die so zahlreich waren, dass es leider unmöglich ist, auch nur die wichtigsten zu nennen. Eine typisch türkische Ausprägung der Schreibschrift war das von Ibrahim Munif entwickelte Diwani, eine Kanzleischrift, die sich aber für Ausschmückungen unterschiedlichster Art eignete. Es wurden noch weitere, auch traditionelle Schriftarten überarbeitet und in neuer Form herausgebracht: das shikasteh, das shikasteh amiz und das jali. Die Variante diwani jali wird auch humayni genannt. Aus dem Diwani entstand in einer zweiten Phase das sunbuli.

Neben verschiedenen Schriftstilen erfanden die Osmanen spezielle Schriften wie beispielsweise die zulf-i 'arus (gekräuselt) und die sehr funktionale siyaqat; ferner bestimmte Methoden wie die gulzar, die darin bestand, die Freiräume zwischen den Buchstaben mit floralen oder figurativen Ornamenten zu füllen; bestimmte Darstellungsformen wie die muthanna (oder mutanazar) – die auch aynali oder ma'kus (gespiegelt) oder khatt-i muthannaa (gegenüber liegende Kalligraphie) genannt wurden –,

Linke Seite, unten: Ein ägyptischer Holzschnitt-Druckstock, 10. Jh.
Oben: Ein gebundenes Buch, 17. Jh., Türkei.

Unten: Eine iranische Schule im 15. Jh.
Oben: Die Westküsten Südamerikas auf einer Karte des türkischen Seefahrers Piri Re'is (1473–1554).

bei der die Sätze spiegelbildlich wiederholt wurden; die tughra, eine Unterschrift mit kompliziertem, schwungvollem Schriftverlauf, sowie insbesondere einzelne Wörter oder Sätze, die so angeordnet wurden, dass figürliche Darstellungen entstanden, vor allem Gesichter und Motive aus der Tierwelt. Nicht unerwähnt bleiben sollte die ghubar oder ghubarari (Pulver, in Pulverform), eine mikroskopisch kleine Schrift, die in der Türkei erfunden wurde. Damit wurde der gesamte Korantext (77.934 Wörter) von Ismail Abd Allah, genannt Ibn al-Zamakjala (†1386) auf die Schale eines einzigen Straußeneis, von Qasim Ghubari (†1624) auf ein 55 x 45 cm großes Blatt und von Mehmet Shefik Bey (†1819) auf die neunundneunzig Perlen einer Gebetsschnur geschrieben.

Noch heute gehört die Kalligraphie, die so viele herausragende Künstler hervorgebracht hat und einen hohen Stellenwert in der islamischen Welt besaß, zum regulären Lehrplan an türkischen Universitäten.

Die islamische Baukunst

Bezeichnend für islamische Bauwerke sind die Bauelemente Bogen und Kuppel sowie die zwei Stilelemente Iwan (offenes Portal) und Mukarnas (stalaktitenartiger Schmuck). Die Gebäude sind ihrer Funktion entsprechend (Moschee, Medrese, Palast, Hospital, Karawanserei, Mausoleum, Hammam, überdachter Bazar) in verschiedenen Bauweisen ausgeführt und verfügen bisweilen über ganz spezifische Merkmale wie die Mihrab (Gebetsnische) und Minbar (Kanzel). Die Moschee besitzt mitunter ein weiteres für den Islam typisches Element: das

Minarett. Als einziges Bauteil ragt es senkrecht aus einer ansonsten horizontalen Konstruktion heraus, die sich ebenmäßig in die vornehmlich als Garten gestaltete Landschaft einfügt. Ein Merkmal der türkischen Palastbauten (z. B. Topkapı-Serail in Istanbul) sind die vielen kleinen ein- bis maximal zweistöckigen Pavillons (türk. köshk, deutsch „Kiosk"), die über einen Garten mit üppiger Vegetation verteilt sind, der wiederum durch ein hohes Mauerwerk eingefriedet ist. Das muslimische Haus war in der Regel in zwei Wohnbereiche unterteilt: Der erste umfasst Hallen, Zimmer und Bäder für die Männer, der zweite – der berühmte Harem – war den Frauen vorbehalten.

Hinsichtlich der Bögen gibt es keinen anderen Baustil, der über eine vergleichbare Vielfalt unterschiedlichster Formen verfügt. Ursprünglich wurden Rundbögen auf Säulen aufgesetzt, ein byzantinisches Stilelement, das von der Spätantike bis zum Aufbau zweistöckiger Arkadengebäude (in andalusischen Moscheen, beispielsweise in Córdoba) verfeinert wurde; schon früh bildete sich ein dekorativerer Spitzbogen heraus, der bereits in der

Linke Seite, oben: Die Karawanserei Sultan Han; seldschukischer Bau (13. Jh.), Türkei.
Mitte: Der Registan bzw. „Platz der Wüste" (15.-18. Jh.) in Samarkand, Usbekistan.
Unten: Das Mausoleum der Samaniden (um 902), Frühzeit der islamischen Baukunst; Buchara (Usbekistan).
Rechts: Die Ahmed- bzw. „Blaue" Moschee; osmanisches Bauwerk (1616) in Istanbul (Türkei).
Mitte: Die Medrese von Kaikobad; seldschukisches Bauwerk (1254) in Erzurum (Türkei).
Unten: Der Löwenhof der Alhambra (14. Jh.) in Granada (Spanien).

sassanidischen Baukunst zum Einsatz gelangte und später auf vielfache Weise neu interpretiert wurde. Hundert Jahre nach den ersten Bauten hatte der frei auf Säulen, Pfeilern oder Mauern aufliegende islamische Bogen eine solche Vielgestaltigkeit erreicht, dass er sich deutlich von den starren Schemata anderer Baustile unterschied. Mit zunehmender Erfahrung im Bau von zweireihigen Arkaden kombinierte man gelegentlich sogar verschiedene Bogenformen neben- oder übereinander. Daraus ergibt sich eine Fülle von Bauweisen, deren Formgebung bisweilen neben den Erfordernissen der Statik, rein dekorativen Zwecken diente: der Hufeisenbogen, der Lanzettbogen, der Kleeblatt- oder Vielpassbogen, der überhöhte (bzw. auf schmale Gewölbepfeiler aufsitzende) Sattelbogen, der Polygonalbogen, der Stufenbogen, der Mukarnas-Bogen, der zackenförmige Bogen sowie zahlreiche Varianten des Spitzbogens.

Nach frühen Beispielen von Rundkuppeln im byzantinischen oder sassanidischen Stil bildete sich in Ägypten eine erste eigenständige Kuppelbauart des Islam heraus. Dort verschlankte man die Kuppel, indem man sie auf einen hohen ringförmigen Unterbau (Tambour) setzte, der über Gewölbe mit dem darunter liegenden quadratischen Grundriss verbunden war. In der Folgezeit wurden die unterschiedlichsten Spielarten für die Gestaltung dieser Überleitung zur Kuppel entwickelt (Tonnengewölbe, Nischen, Halbkuppel, Stalaktitengewölbe). Die Turkmenen verliehen ihren Kuppeln einen kegelförmigen Abschluss; typisch für die Mongolen sind dagegen die schönen, oftmals gerippten oder mit Stableisten geschmückten Zwiebelhauben auf sehr hohen Tambouren.

Die Safawiden ahmten die charakteristischen Zeltdächer der Mongolen und Türken unter Betonung der Schildspitze nach. Die Zwiebelhauben Indiens, die mitunter auf offenen polygonalen Zwerggalerien ruhen, hoben sich durch ihre ausgeprägten Giebel und die Fülle an Ornamenten hervor; insgesamt erinnern sie an einen umgedrehten Blütenkelch. Nach der Eroberung Konstantinopels (1453) entwickelten die Osmanen eine komplexe Dachbauweise mit einer großen Flachkuppel in der Mitte, die auf einem ringförmigen, durch vier große Bögen gestützten Unterbau sitzt und seitlich durch eine Reihe von tiefer liegenden Halbkuppeln mit Apsis sowie kleinen Kuppeln entlang des Gebäudeumrisses gesäumt ist. Die osmanischen Kuppelbauten, insbesondere jene, deren Innenräume höchst aufwendig gestaltet waren, dienten im 16. und 17. Jahrhundert als Vorbild für den Kuppelbau in Europa, so zum Beispiel für Guarinis Werk in Turin.

Der Iwan, ein Charakteristikum der iranischen Baukunst, ist ein weitläufiges und prachtvolles Eingangsportal mit einer offenen Front, die in einigen iranischen und indischen Bauwerken durch zwei Seitenflügel mit zweistöckigen Arkaden flankiert wird. Als Mukarnas bezeichnet man eine mittels Wabenstruktur oder Stalaktiten sehr reizvoll ausgeführte Gewölbeform. In Syrien und Ägypten benutzte man dazu blanken Stein, in Asien hingegen Ziegelsteine mit Fayencen.

Die Moschee (arab. masdjid: Ort, an dem man sich zu Boden wirft) ist der kultische Ort, an dem sich die Glaubensgemeinschaft

vor allem am Freitagmittag zum rituellen Gebet versammelt: eine große Aula. Das signifikante Element jeder Gebetsstätte ist die große Gebetsnische: eine Art Hochaltar – bisweilen prachtvoll verziert –, der in die Richtung der Kaaba und somit die Gebetsrichtung weist. Häufig befindet sich gleich daneben der Predigtstuhl: eine Art Kanzel aus Marmor, Stein oder Holz, die traditionell aus einer Treppe mit kunstvoll verziertem Geländer besteht, die auf das Podest führt. Die Moschee verfügt auch über einen Ort für die rituelle Waschung sowie eine Bibliothek, die allen Gläubigen offen steht.

Der Moschee verwandt ist die Medrese (madrasa), eine Hochschuleinrichtung, die meist eine Rechtsschule beherbergt. Sie entstand Ende des 11. Jahrhunderts im Irak

Linke Seite, oben: Kuppel der Moschee (17. Jh.) in Ghom (Iran).
Mitte: Kuppel des Mausoleums von Djalal ad-Din Rumi in Konya (Türkei).
Unten: Kuppel des Schwesternsaals der Alhambra (14. Jh.) in Granada (Spanien).
Oben: Mukarnas-Gewölbe, Dair ad-Dur (12. Jh.), Irak.
Links: Kuppel der Großen Moschee in Córdoba.
Unten: Mukarnas-Portal der Gök-Medrese (1271) in Sivas (Türkei).

und in Khorasan und ist das Verdienst des Ministers Nidham al-Mulk, weshalb ihre Bauweise auch Ähnlichkeit mit iranischen Universitäten aufweist. Unter den Osmanen wurde die Medrese in einen großflächigen Gebäudekomplex integriert, die so genannte Külliye, der in sich vereint: eine Moschee, den Sitz verschiedener Fakultäten, ein Hospital, eine öffentliche Bibliothek, einen Schlaf- und Speisesaal für Mittellose. Große Külliyen wurden von Bajasid II. in Amasya und Edirne sowie von Mehmed II. und Süleiman I. in Istanbul gegründet.

Das Minarett

Die Moschee, das heilige Bauwerk des Islam, wird nach ganz bestimmten Vorgaben in Bezug auf Ort, Anlage und Ornamentik gebaut. Das einzige, nicht zwingend vorgeschriebene Element ist das die Moschee überragende Minarett, auf das der Muezzin steigt, um die Gläubigen zum Gebet zu rufen. Über seinen Ursprung gehen die Meinungen der Gelehrten auseinander: Sie reichen von den Grabtürmen von Palmyra über die ägyptischen Obelisken und die Masseben (die Grab- und Erinnerungsstelen der semitischen Völker) bis hin zu den christlichen Kirchtürmen, wobei diese letzte These unhaltbar ist, da das Minarett historisch gesehen früher erbaut wurde.

Das erste Minarett ließ Ziyad Ibn Abit im Jahr 665 in Basra errichten. Ursprünglich hatte das Minarett einen quadratischen Grundriss und wurde innerhalb des eingefriedeten Vorplatzes der Moschee meist mittig auf der Nordseite errichtet. Bisweilen war das zweite Stockwerk rund und das dritte mit einer hexagonalen Ädikula versehen. Zu Ruhm gelangten in der ersten Hälfte des 9. Jahrhunderts die beiden imposanten Spiraltürme der Moscheen von Samarra (53 Meter Höhe) und Abu Dulaf im Irak.

Unter den Seldschuken (11. Jh.) kommt das zylinderförmige Minarett auf, das in der Regel mit Fayencen verkleidet ist und Abschlüsse vielfältigster Gestalt

Oben: Minarett mit viereckigem Grundriss; Hassan-Moschee (1195) in Rabat (Marokko).

Links: Orgelpfeifenförmiges Minarett der Çifte-Medrese (1272) in Sivas (Türkei).

Rechts: Spiralförmiges Minarett (9. Jh.) in Samarra (Irak).

Unten: Nadelminarett der Ahmed-Moschee (1616) in Istanbul (Türkei).
Unten: Orgelpfeifenförmiges Minarett der Allakuli-Khan-Medrese (1812) in Chiwa (Usbekistan).

aufweist: kegelförmig vor allem in der Türkei und baldachinartig im Iran. Anfangs handelt es sich um ein einziges Minarett, das vom Rest des Gebäudes isoliert steht; später säumen zwei Minarette die Seiten des Hauptportals, den so genannten Iwan, oder die Eingangshalle des Gebäudes. Es dominieren zwei verschiedene Bauarten: der orgelpfeifenförmige Turm (Zentralasien) und das Nadelminarett (Türkei). Unter den Moguln in Indien und im Osmanischen Reich wurde die Bauweise mit vier Minaretten eingeführt, die jeweils an den vier Ecken des Gebäudes bzw. Vorplatzes des Gotteshauses standen.

In Ägypten und später auch in ganz Nordafrika und Andalusien setzte sich dagegen der mameluckische Stil durch: ein einziges, oftmals allein stehendes Minarett rechts vom Hauptgebäude, das stets einen quadratischen Grundriss und einen krönenden Abschluss aufwies.

Die islamische Keramik

Die islamische Kunst hat ihre eigene, sehr lange Geschichte mit vielen Schulen und vielen unterschiedlichen Strömungen. Von allen Kunstformen ist die Keramik unter vielerlei Aspekten die bezeichnendste und bedeutendste islamische Ausdrucksform. Bis zum Aufkommen des Islam verwendete das Abendland nur zwei verschiedene Email-Techniken, und die schönen Glasuren mit ihren vielen Farben aus dem antiken Ägypten und Mesopotamien waren schon seit Jahrhunderten vergessen. Nun aber setzte unter der Dynastie der Abbasiden (750–1050/1058) die Herstellung einer Keramik ein, die sich von den Emailkünsten der zentralasiatischen

Steppe, insbesondere der Barbaren, Türken und Mongolen, die ihre Emailtechniken („Émail cloisonné" und „Émail champlevé") nach China und Europa gebracht hatten, inspirieren ließ. Unter Verwendung dieser Techniken wurden in den türkischen Werkstätten von Samarra und Bagdad nicht nur die antiken Glasurverfahren bzw. die Reliefglasuren weiterentwickelt, sondern auch Zinnglasuren in den Farben Weiß, Blau, Gelb, Grün und Purpur sowie Bleiglasuren in den charakteristischen chinesischen „drei Farben" (t'o tai) hergestellt – eine Verzierungstechnik, bei der das Muster aus der Glasurschicht auf der noch ungebrannten Tonware herausgekratzt wird.

Unter dem Kalifen Harun ar-Raschid, der von 786 bis 809 regierte, forschten die Alchimisten, deren wissenschaftliche Erkenntnisse ebenfalls bis nach Europa gelangten, nach innovativen Materialien und Techniken. So kamen bei allen Arten von Glasuren verschiedene Metalloxide zum Einsatz, und es wurde der Lüster aus weißen, bunten oder einfarbigen Glasuren entwickelt, eine ausgesprochen islamische Technik, bei der die nicht ausgehärtete, glasierte Tonware mit einem metallisch schimmernden Auftrag versehen wird. Der mit Lüsterfayence umkleidete Mihrab in der Großen Moschee Sidi Okba (862) in Kairouan (Tunesien) ist ein

Linke Seite, oben: Teller aus Samarra (Irak), 9. Jh. Unten: Mukarnas aus Fayence, 1619; Isfahan (Iran).

Oben: Bei hohen Temperaturen gebrannte Keramik, 20. Jh. Unten: Verzierte, glasierte und vergoldete Keramik aus seldschukischer Zeit (13. Jh.).

typisches Beispiel dafür. Die wichtigste Abhandlung über die verschiedenen Glasurtechniken stammt von dem Iraner Abu al-Qasim, dem Erfinder des rang-e do ateshi („doppelt gebrannte Farbe"), einer Keramik, die erst bei hohen Temperaturen gebrannt, anschließend mit einer weiteren Schicht glasiert und dann ein zweites Mal bei niedrigen Temperaturen gebrannt wird.

Zur Zeit der Samaniden (819–1005) entstand die eigentliche islamische Keramikkunst, die sich nicht mehr am Vorbild der Spätantike orientierte, sondern individuelle Formen aus der zentralasiatischen Steppe mit klassischen Formen verband. Es wurde die Technik der Engobe und der purpurnen, grünen, roten, gelben und braunen Glasur entwickelt, deren bedeutendste Beispiele aus Samarkand (weiße Keramik mit Schriftdekor), Nischapur (Buntkeramik), Sari und Gurgan stammen.

Unter der Fatimiden-Dynastie (930–1021) entstanden in Ägypten, Syrien und Nordafrika vor allem Lüsterfayencen und Fassadenmalerei, es fand aber auch eine große Migrationsbewegung statt, bei der viele Keramik-Meister in alle Winkel der islamischen Welt abwanderten. Unter den Abbasiden wurde die Technik der bunten Bleiglasur noch weiter perfektioniert.

Bedeutende Impulse erhielt die Keramikkunst, als die Seldschuken weite Teile Zentralasiens eroberten. Indem sie die Mode der bunten Filzbeläge der Zelte auf die

Architektur übertrugen, entstanden große mit lasierten Fliesen und Mosaiken verzierte Wandflächen. Geschirr wurde mit den verschiedensten Glasuren verziert; mit einer Art Netzmuster; mit Silhouetteneffekt (schwarze Malerei mit einem Überzug aus einer durchsichtigen grünen Alkaliglasur); in klassischer Lüstertechnik; mittels der lajvardina genannten Technik, bei der Lapislazuli verwendet und das Erzeugnis nach wiederholten Farbaufträgen auf die Glasur ein drittes Mal gebrannt wurde; und schließlich mittels lakabi, einem äußerst komplizierten Verfahren, bei dem mehrere Farbschichten aufgetragen wurden (Rakka). Allgemeine Verbreitung fand die Quarz-Fritte-Keramik, ein feines und zugleich hartes Geschirr aus einer Art Fritte (10 Teile

Quarzsand, ein Teil weiße Tonerde und ein Teil Glasgranulat), möglicherweise in Anlehnung an das chinesische Porzellan. In der Tat wurde unter anderem die typisch chinesische „weiße Song-Ware" ausgiebig nachgeahmt.
Die mongolischen Ilchane (1256–1336) und die iranischen Timuriden (1387–1502) übernahmen diese Techniken unverändert, während die Mamelucken, die türkischen Herrscher Ägyptens (1250–1517), damit experimentierten und wunderschöne Lüsterfayencen und Nachahmungen chinesischer Ware (Blau-Weiß-Porzellan) nach Europa exportierten. Ebenso das muslimische Spanien unter den Omaijaden und Nasriden (756–1492), wo man der Bleiglasur und der cuerda seca genannten Technik den Vorzug gab. Die Zentren der spanischen Keramikherstellung waren Mallorca (daher die Bezeichnung „Majolika"), Manises, Valencia und Paterna.
Im Iran waren unter der Dynastie der Safawiden (1502–1736) und der Kadjaren (1796–1925) vor allem die kubachi-Technik mit bunter Glasur auf dunklem Grund, Blau-Weiß-Porzellan, eine durchsichtige Glasur auf blau-schwarzem oder farbigem Grund, Lüsterfayencen sowie die kirman-Technik mit sowohl monochromer als auch bunter Farbgebung verbreitet.

Der letzte bedeutende Impuls für die islamische Keramikkunst kam von den Osmanen, unter deren Herrschaft die herrliche Buntkeramik im Stile von Iznik und später Kütahya sowie Massenware aus Çanakkale im ganzen Reich Verbreitung fanden und schließlich auch sämtliche europäische Stile mit höchster Raffinesse und technischer Qualität nachgebildet wurden.

Linke Seite, oben: Keramikplatte aus Kaschan, 13. Jh.
Unten: Iranischer Mihrab von 1354, Keramik mit Alkaliglasur; Metropolitan Museum of Art, New York.

Oben: Teller aus dem 16. Jh., Iznik (Türkei).
Unten: Fayencemosaik der Alhambra, Granada, 13. Jh.
Mitte: Mohammed auf dem Thron, aus dem „Dekameron" Giovanni Boccaccios; Miniatur, 15. Jh.

Mohammed aus westlicher Sicht

Die rasante Eroberung großer Teile der Alten Welt, die Besetzung der Südflanke des Mittelmeerraums, die Ankunft der Muslime in Spanien und Sizilien, der Fall von Konstantinopel und schließlich der türkische Vormarsch bis vor die Tore Wiens machten Mohammed für lange Zeit zum größten und gefährlichsten Feind Europas und der gesamten Christenheit. Über Jahrhunderte hinweg

vermittelte eine im Abendland hartnäckig geführte Propaganda mit Falschinformationen ein verzerrtes Bild und trug mit zur Entstehung von Spaltungen und Hass bei, deren Auswirkungen noch heute zu spüren sind.

Die ersten Schilderungen über den Propheten erreichten Europa aus Byzanz und über die Mozaraber (musta'ribun), die unter islamischer Herrschaft in Spanien lebenden Christen. Zu den Ersten, die davon berichteten, zählten Johannes von Damaskus („De haeresibus liber", 650– 750) und Anastasius Bibliothecarius („Chronographia", †879; in Anlehnung an Theophanes Graptos). Wichtig waren

auch der Spanier Eulogios von Córdoba (9. Jh.) und Pedro de Alfonso (11./12. Jh.) mit seinen „Dialogen". Von großer Tragweite war das Traktat „Epistola Saraceni" aus dem frühen 11. Jahrhundert, dem diverse Schmähschriften, unter anderem die „Speculum historiale" von Vincent de Beauvais und die „Quadruplex reprobatio" eines Anonymus, folgten. In all diesen Texten wird Mohammed als Magier, unkeuscher, unwissender, grausamer, blutrünstiger Mensch und vor allem als Schismatiker beschrieben. Aber seine Popularität bot auch Anlass zu allerlei Legendenbildungen (z. B. Hugo de Fleury im frühen 12. Jh.). Später finden sich Anspielungen auf Mohammed im „Rolandslied" (um 1100), im „Wilhelmszyklus", in der „Conquête de Jérusalem" (um 1180) usw. Diffamierungen gegen den Propheten enthielten auch Brunetto Latinis Laienenzyklopädie „Li livres dou tresor" (1268) und Jacobus de Voragines „Legenda aurea" (1280), nicht zu vergessen Raimundus Lullus' „Llibre gentile e los tres savis" (1267), in dem ein Jude, ein Christ und ein Muslim Lobreden auf ihre jeweilige Religion halten. In England setzte die Zeit der Schmähschriften 1362 mit der Veröffentlichung von William Langlands „Piers Plowman" ein, das ein eigenes Kapitel über Mohammed enthielt, gefolgt von John Lydgates „The fall of princes" (1438) mit mancherlei Anspielungen auf den Propheten. Aus all diesen Quellen stellte John Mandeville (1300–1372) sein Reisebuch „Voyages d'outre mer" zusammen, dessen verleumderische Aussagen der deutsche Dominikaner Richard in seiner – später von Luther übersetzten – Schrift „Confutatio Alcorani" (1540) wieder aufgriff.

Im 18. Jahrhundert erschienen die ersten Stellungnahmen, die sich für eine ausgewogenere und objektivere Sichtweise einsetzten, darunter Boulainvilliers' „Vie de Mahomet", die erst 1730 in London postum veröffentlicht werden konnte und der prompt (1732) eine gleichnamige Gegendarstellung von Jean Garnier folgte, in der die Schlechtigkeit des „Schismatikers" hervorgekehrt wurde. In diesem Jahrhundert avancierte Mohammed zur lite-

Alphonse de Lamartine

„Nie hat ein Mensch sich je ein so hohes Ziel gesetzt, wenn es auch ein unmenschliches war: den Aberglauben bloßzustellen, der sich zwischen den Schöpfer und die Menschen gestellt hatte, Gott den Menschen und die Menschen Gott wieder nahe zu bringen, in dieses Chaos materieller und figürlicher Gottheiten die vernunftmäßige und gesunde Vorstellung von Gott wieder einzuführen. Nie hat ein Mensch in so kurzer Zeit auf dieser Welt eine so große und nachhaltige Revolution vollbracht [...]. Wenn die Größe eines Vorhabens, die Begrenztheit der Mittel und die Tragweite des Ergebnisses die drei Maßstäbe für die Genialität eines Menschen sind, wer wollte es jemals wagen, einen der großen Männer der Geschichte mit Mohammed auf dieselbe menschliche Stufe zu stellen? [...]. Mohammed war weniger als ein Gott, aber mehr als ein Mensch: Er war ein Prophet."

Alphonse de Lamartine (1790–1869): „Histoire de la Turquie"

Linke Seite: Mohammed in Gesellschaft von Frauen, Miniatur aus dem „Speculum historiale“ von Vincent de Beauvais, 15. Jh.; Nationalbibliothek, Paris.

Links: Mohammed betritt seinen Harem, Gemälde von George Clairin (1843–1919); Walters Art Gallery, Baltimore.
Unten: Friedrich II. auf dem Thron, „der muslimischste aller christlichen Könige“, Miniatur aus einem Exultet des 13. Jh.; Biblioteca Capitolare, Salerno.

rarischen Gestalt, insbesondere zum Protagonisten von Bühnenstücken, unter denen Voltaires Tragödie „Le fanatisme de Mahomet le prophète“ heraussticht, die 1742 in Paris uraufgeführt, aber schon nach wenigen Vorstellungen vom örtlichen Klerus verboten wurde. Henry Broke griff sie 1778 in veränderter Form wieder auf. 1773 verfasste Goethe ein Gedicht mit dem Titel „Mahomets Gesang“.

Im 19. Jahrhundert fand Mohammed als historische Realität und als bedeutender Mann schließlich Anerkennung. Dazu trugen insbesondere Karoline von Günderode mit dem Gedicht „Mahomets Traum in der Wüste“ (1804) und dem Drama „Mahomet oder der Prophet von Mekka“ (1805) und Victor Hugo mit drei langen Versen in seinem Gedichtzyklus „La légende des siècles“ (1859) bei.

Natürlich handelt es sich bei den hier genannten nur um einige der wichtigsten Stimmen innerhalb eines literarischen Schaffens, das vom 7. Jahrhundert bis zum heutigen Tag in Europa massenhaft Beweise und Gegenbeweise, Boshaftigkeiten und Verleumdungen hervorbrachte – letzten Endes der beste Beleg für die Bedeutung des „Siegels der Propheten“. Im Übrigen wurden vom 16.–20. Jahrhundert, wie der französische Historiker Daniel Roux nachweist, „mehr Bücher gegen das Osmanische Reich geschrieben als über die Vereinigten

Staaten von Amerika". Und die Geschichte geht möglicherweise so weiter.

Es gab aber nicht nur verleumderische Schriften, dem Koran wurde reges Interesse entgegengebracht. Die erste lateinische Koranübersetzung – besser gesagt eine tendenziöse „Paraphrase" – erstellte Robert von Ketton 1143 im Auftrag von Petrus Venerabilis, des Abtes von Cluny (das Manuskript befindet sich heute in der Pariser Bibliothèque de l'Arsenale). Theodor Buchmann, genannt Bibliander, brachte die erste Buchausgabe 1543 in Basel heraus, die zweite erschien 1550 in Zürich mit einem Vorwort von Martin Luther.

Auf dieser Fassung beruhte die erste italienische Übersetzung von Andrea Arrivabene (Pseudonym von Andrea Mocenigo), die 1547 in Venedig publiziert wurde. Diese Ausgabe diente als Vorlage für die erste deutsche Übersetzung von H. Salomon Schweigger, Prediger an der Nürnberger Frauenkirche (Nürnberg 1616), die wiederum Ausgangspunkt für die erste holländische Übersetzung eines Anonymus (Hamburg 1641) war. Es folgte die erste französische Übersetzung von André de Ryer (Paris 1647), auf der wiederum die englische Fassung von Alexander Ross (London, um 1648/49) beruhte, der Mohammed als „Antichrist" bezeichnete.

Bemerkenswert war die zweite Übersetzung ins Lateinische von Ludovico Maracci, die 1698 in einer zweisprachigen Ausgabe in Padua erschien (1721 von Reinuccio überarbeitet). Sie vermittelt den Eindruck, dass das Lateinische sich aufgrund seiner Struktur und sprachlichen Eigenschaften mehr als alle anderen Sprachen für eine getreue Wiedergabe der Grundidee, aber auch des Rhythmus und der wesentlichen Elemente des Originals eignet.

Derzeit sind an die 600 unterschiedliche Koranfassungen in 46 Sprachen im Umlauf. Den größten Anteil nehmen dabei die 166 Ausgaben in englischer Sprache ein, gefolgt von 78 Ausgaben in französischer und 75 Ausgaben in deutscher Sprache.

Oben: Der spanische König Alfons X., der Weise, der als Freund der Muslime galt.

Unten: Eine Seite aus einem der ersten lateinisch-arabischen Wörterbücher; Rom 1786.

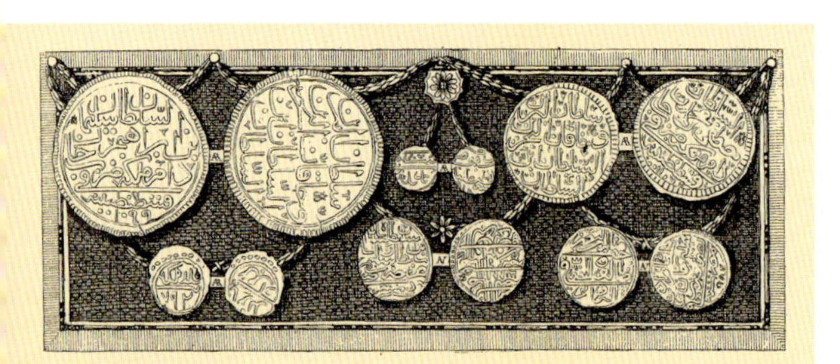

ت

ت *Te. Tertia alphabeti arabici, perſici, turcici litera, pronunciatur ut* T *durius in lingua latina, & germanica; ſonumque habet conformem vocali, quæ illi ſuperſcribitur. Apud grammaticos inter literas* لسانيه *lisānÿe, i. e. linguales recenſetur; eſt præterea litera ſolaris, in quam* ل *articulare mutatur in lectione, ut:* بعد التفتيش *bædet-teftīš.* Inquiſitione facta. *Notandum quoque* ت *te in dictionibus turcicis ſæpe cum* د *dal confundi.*

ت *Te. Extra dictionem.* 1) *Eſt nota numeri arithmetici* 400., *juxta formulam* ابجد هوز *ebğed hewez, &c.* 2) *Attribuitur litera hæc ſecundum traditionem veterum Arabum elemento terræ, & quidem inter qualitates frigido ſiccas. Kirch.*

ت *te, aut cum artic.* التاء *et-tāe. In arabica lingua varii eſt uſus, variarumque idcirco denominationum.* 1) تاء المؤنث *tāül-müennesī.* Te fœmininum, *quo nempe fœmininum genus indicatur; tum pronominibus demonſtrativis fœmininis in principio, ut.* تاك *tāke.* Hæc, iſta, illa. *Dual.* تانك *tāneke.* Hæ duæ, iſtæ duæ; *tum verbis, & nominibus in fine appoſitum, ut.* نصرت *næsæret.* Adjuvit *fœmina.* ظلمة *zülmet.* Tenebræ. صغيرة *sæghÿret.* Parva. 2) تاء الزيادة *tāüz-ziadetī.* Te addititium, *quod in futuro tam ſecundæ perſonæ maſculini generis, ut:* تنصر *tansuru.* Adjuvabis *vir; quam ſecundæ, & tertiæ perſonæ fœminini generis additur, ut:* تنصرين *tansurīne.* Adjuvabis *fœmina.* تنصر *tansuru.* Adjuvabit *fœmina.* 3) تاء الامر *tāül-emrī.* Te imperativi, *quod imperativum determinat, e.g.* لتعرف *litæ-rif.* Scias. 4) تاء القسم *tāül-kismī.* Te juramenti, *quod etiam inter particulas refertur, quæ vocem, cui annectuntur, kesrant, ut:* تالله *tāllæhī.* Per Deum. 5) تاء الخطاب *tāül-chytābī.* Te allocutionis, *ſeu ſecundæ perſonæ, quod in fine adjungitur; ut:* انت *ente* Tu *vir.* انت *entī.* Tu *fœmina.* نصرت *næsarte.* Adjuviſti tu *vir.* نصرت *næsærtī.* Adjuviſti tu *fœmina. Additur porro in fine verbi præteriti primæ perſonæ ſingularis numeri. e. g.* نصرت *næsærtu.* Adjuvi ego, *vir, vel fœmina.*

ت *te, vel et* P. *contract. pro* ات *et* 1) *ſimplic. poſtpoſitum eſt characteriſtica, ſeu affixum ſecundæ perſonæ in perſicis, reſpondens arabico* ك *ke.* Tui, tuus, tibi, & te. *e. g.* برادرت *bürāderet, pro* برادر تو *bürāderī tū.* Frater tuus. *Il tuo fratello.* جانت *ganet.* Anima tua. 2) *Appoſitum in fine tam verbis, quam particulis eſt itidem pronomen ſecundæ perſonæ, in omnibus caſibus uſitatum. e. g.* نيک باشي و بدت گويند خلق به که بد باشي و نيک بينندت *nīk bāšī we bedet göjend chælk bih kī bed bāšī we nīk bīnendet. Giul.* Tu bonus eſto, malumque te dixerint mortales, præſtat, quam ſi malus ſis, & te bonum opinati fuerint. *Gent.* گرت پير مغان گويد *geret pīrī mughān gojed.* Si tibi prælatus dicat. *Hæf.*

تا *tā.* P. *Nom. literæ* ت *te, in alphabeto tertiæ. Caſt.*

Dante und Mohammed

Im Mittelalter waren unterschiedliche Versionen der „Geschichte von der Himmelfahrt des Propheten" in Umlauf, auf deren Grundlage in der zweiten Hälfte des 13. Jahrhunderts so manche „Auffahrten Mohammeds" entstanden. Auch Dante griff auf diesen Stoff zurück und versetzte in seiner „Göttlichen Komödie" Mohammed und Ali in die Hölle zu den Schismatikern im neunten Unterkreis des achten Höllenkreises (28. Gesang, Verse 25–36, in der deutschen Übersetzung von Karl Vossler):

Zwei kostbare Miniaturen aus einer frühen Handschrift von Dantes „Göttlicher Komödie" (14. Jh.); Biblioteca dei Gerolamini, Neapel.

Laut neueren Studien wird angenommen, dass die ersten beiden Gesänge dieser Handschrift dem Dichter persönlich gehörten und die dort eingefügten Korrekturen aus seiner Feder stammen.

Zwischen den Beinen hing ihm das Gedärm.
Herz, Leber, Lunge sah man und den Sack,
der Kot aus allem macht, was wir verschlucken.

Indes ich mit den Augen ihn durchbohre,
blickt er auf mich und öffnet sich die Brust
mit Händen: „Schau nur!" rufend,
„Selbstzerreißung!

Betrachte den verstümmelten Mohammed!
Der vor mir geht und jammert, ist Ali,
das Angesicht vom Kinn zum Schopf zerschlitzt.

Und Ärgernis und Zwiespalt haben alle,
die du hier siehst, erregt in ihrem Leben,
drum sind sie ebenso zerspalten hier. [...]"

Islam und Fundamentalismus

Es wird viel darüber gesprochen, und es ist gewiss alles andere als ein belangloses Thema, das wir an dieser Stelle, wenn auch nur kurz, anreißen wollen. Roger Garaudy hat sehr richtig beobachtet: „Heute stellen Fundamentalismen, und zwar aller Art, seien es technokratische, stalinistische, christliche, jüdische oder islamische Fundamentalismen, die größte Gefahr für die Zukunft dar. Sollten sie die Oberhand gewinnen in einer Zeit, in der wir nur die Wahl haben zwischen garantierter gegenseitiger Zerstörung und Dialog, hätte das eine Abkapselung aller menschlichen Gemeinschaften in fanatische Sekten und ergo ihren Zusammenstoß zur Folge [...]. Der Fundamentalismus stellt die größte Gefahr unserer Epoche dar, die sich dadurch kennzeichnet, dass kein Problem von einer Teilgemeinschaft und ihren Dogmen allein gelöst werden kann. In der Tat ist jeder Fundamentalismus, die kranke Seite der ganzen Menschheit, deren verrückt spielende Zellen, der bösartige Tumor."

Der islamische Fundamentalismus – bei dem man sich stets vor Augen halten sollte, dass es sich um eine politische Demonstration oder um einen paranoischen Hunger nach Macht in welcher Form auch immer handelt, der sich die religiöse Etikette lediglich „borgt" – „ist oft die einzig mögliche Antwort auf einen bestehenden Kolonialismus", wie Roberto Guidicci schreibt. Da gibt es den territorialen, den politischen, den wirtschaftlichen Kolonialismus; und wenn es schon so viele Kolonialismusformen gibt, wie kann man sich dann noch wundern, dass es so viele Formen des Fundamentalismus gibt?

Die weite Welt des Islam kann in acht Ländergruppen mit einer jeweils eigenen Ausprägung des politischen Fundamentalismus unterteilt werden.

Die erste Gruppe umfasst Ägypten, Syrien, den Irak und Jemen, wo der Staatskapitalismus zur Bewältigung des Problems der Agrarreform Verwaltungsapparate aufbaute, die die selbstständige Mittelschicht ausschlossen. In einer ersten Phase stützten sich die Regierungen dieser wie auch anderer, ähnlich gelagerter Gruppen auf kommunistische Parteien, die per definitionem mit den Grundsätzen des Islam im Widerspruch stehen.

Zur zweiten Gruppe gehören Algerien, Tunesien und Libyen, deren Militärregierungen die Umsetzung von Reformen einem begrenzten Privatsektor überließ, was eher politische und weniger ökonomische Folgen hatte.

Die dritte Gruppe besteht aus Indonesien, Pakistan und Bangladesh, die sich durch die fortschreitende Integration einer Art Patronatssystem aus Großfamilien und Großgrundbesitzern kennzeichnen.

Zur vierten Gruppe zählen Saudi-Arabien, Brunei, die Arabischen Emirate, Kuwait, Oman und Bahrain, deren

Linke Seite: Die Außenmauer (unten) und der große zentrale Saal (oben) des Irrenhauses von Edirne (Türkei), das Basajid II. zwischen 1488 und 1498 erbauen ließ. Dort wurden insbesondere die Fanatiker und Fundamentalisten eingesperrt, die zu dieser Zeit wie auch später unter den Osmanen einfach als psychisch gestört galten.

Eingang (oben) und Innenraum mit Kenotaph (links) des Mausoleums von Halladj (857–922), dem großen Sufi-Meister und Dichter, der von Fundamentalisten aus Bagdad hingerichtet wurde.

Herrschaftsklassen jede Form von Demokratie, politischem Dialog und wirtschaftlicher Selbstständigkeit unterbinden. In Saudi-Arabien liegen die Bauwirtschaft und die Ölwirtschaft ausschließlich in den Händen der 6.000 Mitglieder der Königsfamilie. Jede Widerstandsbewegung, wie die von Katif 1948 oder von Mohammed al-Qahtani 1979 angeführte, wird blutig niedergeschlagen.

Die fünfte Gruppe umfasst Jordanien und Marokko, wo liberale Monarchen von Demokratien flankiert werden, die in der Lage sind, sich Gehör zu verschaffen.

Die sechste Gruppe besteht aus Afghanistan, Sudan und Nigeria, wo sektiererisch, tribalistisch und religiös bedingte Spaltungen, die immer wieder den Anlass für heftige Protestausbrüche geben, einem Integrationsprozess entgegenstehen. Afghanistan war lange Zeit Schauplatz eines propagandistischen Kampfes zwischen Russland und den Vereinigten Staaten einerseits, die zur Sicherung einer Ölpipeline, die über dieses Staatsgebiet geführt werden sollte, die unumstrittene Gewalt darüber anstrebten, und ihren ökonomischen Gegenspielern in dieser Sache andererseits.

Der Iran scheint ein Fall für sich zu sein. Sein Reichtum weckte das Interesse – und somit auch die gegenseitige Konkurrenz – Frankreichs, Englands und der USA aus Propagandazwecken und Gründen der wirtschaftlichen Kolonisierung, auf die folglich die gesamte westliche Berichterstattung und alle Widerstände vor Ort zurückgeführt werden müssten. Der Schah, den das unter seinem Despotismus leidende Volk schon einmal verjagt

hatte, kehrte 1953 dank des durch die CIA organisierten Staatsstreichs aus seinem Exil zurück. 22 Jahre später zwang er Abertausende von Geschäftsleuten ins Exil oder schickte sie in die Verbannung. Die Vergeudung von 40 % der Staatseinnahmen für Rüstungskäufe und seine Vorliebe für die eigene Familie und die eigenen Streitkräfte entfremdeten ihn völlig von der vermeintlichen Gunst seines Volkes. Das musste zwangsweise in eine Volksrevolution münden, und Frankreich fiel es dann gar nicht schwer, den Imam Khomeini zu unterstützen.

Ein einziges Land mit mehrheitlich muslimischer Bevölkerung präsentiert sich als Vorbild für einen toleranten Islamismus: die Türkei. Auf dieses Land schauen alle türkischen Staaten, die noch heute unter der zum Teil blutigen Unterdrückung durch die russischen Machthaber leiden: Tschetschenien, Aserbaidschan, Turkestan, Turkmenistan und so weiter bis Chinesisch-Turkestan.

Nach Einschätzung der herausragenden Gelehrten Ziauddin Sardar und Zafar Abbas Malik „konnte der islamische Fundamentalismus immer mehr an Boden gewinnen infolge der Exzesse einiger modernistischer Machthaber; des Scheiterns ihrer Wirtschafts- und Entwicklungspolitiken; der unablässigen Verpönung der islamischen Denk- und Lebensweise; der Politik seitens der Westmächte, die vorsätzlich eine Schwächung der islamischen Positionen in muslimischen Staaten anstreben, indem sie islamische Führer dämonisieren, prowestliche repressive Regimes unterstützen und die muslimischen Staaten auf wirtschaftlich unterbemittelte und mit Schulden überladene Gesellschaften reduzieren".

Folglich kann es genau genommen innerhalb der islamischen „Religion" und der monotheistischen Religionen ganz allgemein keinen „realen" Fundamentalismus geben, da ein solcher nicht aus einem religiösen „Übermaß", sondern vielmehr aus einem „Mangel" an Religion heraus entsteht. In der Tat ist zu bedenken, dass jede Religion den Weg des Guten, der Mystik, der Askese weist, aber auch – und das ist die Kehrseite der Medaille – ein Nährboden für Fundamentalismus, Fanatismus, Terrorismus sein kann. Menschen werden zu Fanatikern und Terroristen, wenn sie, mehr oder minder argwillig, diese vier Eigenschaften in sich vereinen: Anmaßung, Ignoranz, Heuchelei, Paranoia. Eigenschaften, auf die der Islam kein ausschließliches Vorrecht besitzt.

Linke Seite: Massenversammlung zum Gebet anlässlich des 10. Todestages von Ayatollah Khomeini in Teheran. Unten: Afghanische Frauen in Kabul vor einem Krankenhaus.

Rechts: Aufgrund der Restriktionen durch die örtlichen Behörden müssen sich usbekische Muslime zum Gebet in eine Stofffabrik begeben.

Die Frau im Islam

Der türkische Herrscher Ulugh Beg (1393–1449) ließ auf der Frontseite seiner in Buchara und Samarkand gegründeten Universitäten folgenden Ausspruch des Propheten einmeißeln: „Ob Mann oder Frau, jeder Muslim muss studieren". Es erübrigt sich zu sagen, dass an seinen Universitäten sowohl Männer als auch Frauen studierten und viele dieser Frauen sich solchermaßen auszeichneten, dass sie Richter- und Lehrämter übernahmen. Dieser Umstand war im goldenen Zeitalter der islamischen Welt keine Seltenheit. Gegenwärtig scheint dieses Zeitalter weltweit vorbei zu sein; andererseits ist die derzeitige Realität des Islam komplex und höchst facettenreich, findet sie doch je nach Land, Umfeld, Ethnie und Kultur ihren eigenen Ausdruck.

Tatsächlich hat der Koran die Frau aus ihrer untergeordneten Stellung in vorislamischer Zeit befreit, indem er ihr gesetzliche Ansprüche einräumt, Eigentum und Erbrecht schützt und ihr im Fall einer Scheidung die Kinder zuspricht; eine Scheidung, die unabhängig davon, ob Mann oder Frau sie beantragt, die Frau schützt, da sie ihr gesamtes Eigentum,

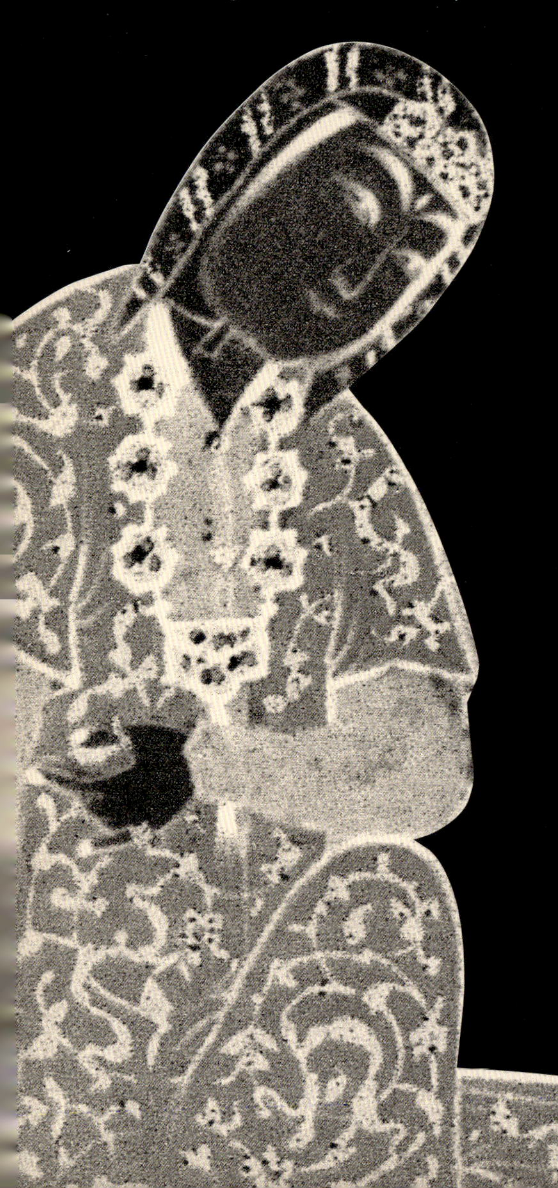

alle erhaltenen Geschenke und ein Viertel des Eigentums des Ehemannes gemäß Korangesetz erhält. Die Frau darf im Islam abtreiben, sofern sie es möchte, und nur sie – nicht der Mann – kann darüber entscheiden. Der herausragendste Theologe unseres Jahrhunderts, Si Hamza Boubakeur, schreibt zu Recht in seinem Traité moderne de théologie islamique (Paris 1985): „Die unzulänglich informierten Menschen und Verleumder des Islam, die im Allgemeinen keine Lüge scheuen, legen dem Islam zur Last, die Stellung der Frau vernichtet zu haben. Allerdings ist keine Religion bekannt, sei sie heidnisch oder offenbart, monotheistisch oder polytheistisch, die Kind und Frau in einem solchen Maße begünstigt wie der Islam."

Im Islam ist die Ehe ein Gesellschaftsvertrag und kein Sakrament. Die Regeln für die Ehe sowie das Erbrecht für Frauen sind im Koran (Sure 2,221–242) genau festgelegt.

Darüber hinaus genießt die Frau in zahlreichen Versen der 4. Sure gesellschaftlichen Schutz. Gewiss, es trifft natürlich auch zu, dass in rückständigen islamischen Ländern, in denen die Sitten und Bräuche aus vorislamischer Zeit überlebt haben, die Vorschriften des Korans nicht vollständig befolgt werden. Was den Schleier betrifft, so schreibt der Koran ihn nicht ausdrücklich vor (der Koran verweist auf die Sittsamkeit und entsprechende Kleidung). Er ist vielmehr ein Brauch aus vorislamischer Zeit, der noch heute bisweilen auch von nichtmuslimischen Gemeinschaften gepflegt wird. Deshalb ist er in manchen Ländern in Gebrauch, während er in anderen abgelehnt wird. Es kann vorkommen, dass in einem Land in einigen Gegenden der Schleier oder eine Kopfbedeckung getragen wird und in anderen wiederum nicht.

Linke Seite: Der iranische Schah besucht Königin Raziye Khatun, Sultanin von Delhi; Miniatur aus „Berühmte Königinnen", 1428.

Unten: Haseki Sultan, osmanische Sultanmutter; Miniatur aus dem 18. Jh. Oben: Fatima Sultan, Königin des Khanats von Kasim; Keramik, um 1810.

Hier nun ein kurzer Abriss über die Rolle der Frau in der Geschichte, insbesondere die Stellung der Sufi-Frauen. Scheich Javad Nurbakhsh, Leiter der iranischen Sufi-Bruderschaft Nimatallah, erwähnt in seinem Buch über Sufi-Frauen nicht weniger als 124. Von Bedeutung war die spirituelle Lehrmeisterin von Dhu an-Nun al-Misri, die Türkin Fatima an-Nisaburiya. In der Vergangenheit gab es zahlreiche muslimische Frauen, die das Amt der Königin, des Staatsoberhauptes oder Befehlshabers ausübten. Die wichtigste war vielleicht Raziye Khatun, der im 13. Jahrhundert das Sultanat von Delhi unterstand. 1232 eroberte sie den Staat Gwalior. Die türkische Autorin Bahriye Üçok führt in ihrem Buch über türkische Herrscherinnen und Regentinnen in islamischen Staaten 16 nicht-türkische Königinnen und 28 Königinnen, Herrscherinnen und Regentinnen türkischer Staaten auf. Unter Letzteren seien in Erinnerung gerufen: Shajar ad-Durr, mameluckische Königin von Ägypten von 1249 bis 1250, und die Begam-Dynastie, die von 1844 bis 1926 den indischen Fürstenstaat Bhopal regierte. Ihre letzte Vertreterin war die Sultanin Jahan, die von 1901 bis 1926 herrschte. Manche Sultanmutter am osmanisch-türkischen Hof übernahm die Regierungsgeschäfte, solange der Thronerbe noch minderjährig war. Heute bekleiden Frauen in diversen islamischen Staaten Ministerämter.

Wie sieht die Zukunft des Islam aus?

Mit dem Kolonialismus wurden die Glanzleistungen der islamischen Zivilisation vergessen oder unterdrückt. Die Wissenschaft wurde zur Magie, die Religion zum Aberglauben. Nach dem Zweiten Weltkrieg gelang es allen kolonisierten muslimischen Völkern, sich von dem fremden Joch zu befreien, auch wenn dies keine gänzliche Befreiung von der Ausbeutung durch den Westen bedeutete. Damit begann die schwierige Phase der Rückgewinnung alter Identitäten: Man knüpfte wieder an die alten, nicht immer lebendig gebliebenen Wurzeln an, lehnte alles Westliche ab, das während der Kolonialzeit aufoktroyiert worden war, und es kristallisierte sich immer stärker die Vorstellung eines Islam heraus, der nicht bereit ist, sich sklavisch in die Dollar- oder Rubelzone einzuordnen, sondern seine eigene Identität wiederfinden will. Auf alle Fälle dauerte dieser Entkolonisierungsprozess sehr lange. Syrien befreite sich 1945 vom Mandat des Völkerbundes, Jordanien 1946; Pakistan erlangte seine Unabhängigkeit 1947, Indonesien 1949. Die beiden letztgenannten gehören mit zu den bevölkerungsreichsten muslimischen Ländern und zählen zusammengenommen an die 200 Millionen Einwohner.

Zwischen 1955 und 1965 wurden die letzten muslimischen Staaten Afrikas in die Unabhängigkeit entlassen. Eine riesige Gruppe noch nicht unabhängiger Staaten bilden die Russland angegliederten türki-

Oben: Eine moderne basmala.
Unten: Die weltweite Verbreitung des Islam.

Rechte Seite, oben: Großes Poster mit Ayatollah Khomeini in Isfahan.
Unten: Kemal Atatürk.

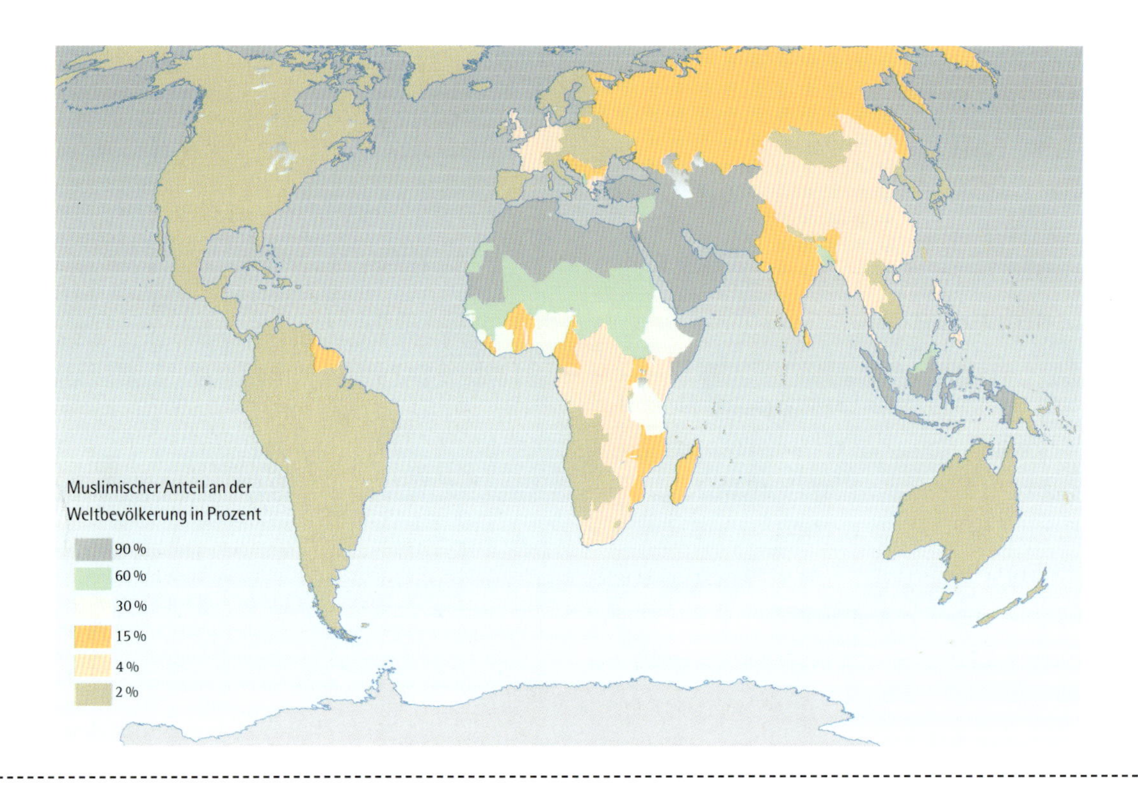

schen Gebiete sowie Chinesisch-Turkestan – insgesamt rund 50 Millionen Muslime mit offiziell nur dreihundert Moscheen, tausend Gelehrten, zwei Koranuniversitäten und einer Quartalsschrift. Dabei rechnen Benningsen und Lemercier damit, dass „in zwanzig Jahren jeder dritte Bürger der ehemaligen Sowjetunion Muslim sein wird“.

Das Christentum ist zentral organisiert, mit einer bis ins Kleinste durchstrukturierten Machthierarchie und einem Oberhaupt mit voller Entscheidungsbefugnis, und kann dabei auf eine jahrhundertealte bewährte Erfahrung blicken. Dem Islam fehlt das alles, und folglich hat niemand die Macht, auch nur einen einzigen Koranvers, ein Ritual oder ein Fest abzuschaffen oder zu verändern. Die meisten islamischen Organisationen haben keine globale Autorität. Unter den zahlreichen Einrichtungen seien die 1962 in Mekka gegründete „Islamische Weltliga“ und die 1970 in Djidda ins Leben gerufene „Islamische Konferenz“ (die Konferenz der Außenminister islamischer Staaten) genannt. Im Westen sind die offensichtlichen Zeichen für das Fruchten des Islam und das rege europäische Interesse für den Islam die zahlreichen Zeitschriften über islamische Lebensart und die vielen Kulturzentren wie beispielsweise das „Institut für die Geschichte der arabisch-islamischen Wissenschaften“ in Frankfurt am Main, die „Islamic Academy“ in Cambridge oder das „American Islamic College“ in Chicago. Nicht zu vergessen die zahlreichen Sammlungen islamischer Kunst, die vor allem in französischen und englischen

Museen imposante Ausmaße angenommen haben. Das alles trägt ein wenig dazu bei, eine Grundvorstellung von den essenziellen Werten der großen muslimischen Kultur zu vermitteln. Aber hinter dem kulturellen Eifer verbirgt sich noch ein anderes Phänomen: die Zunahme der Übertritte zum Islam; dies vor dem Hintergrund, dass der Islam keine Missionare kennt und auch keine religiöse Propaganda betreibt. Im Westen erreichen die Übertritte hohe Zahlen. Auch berühmte Persönlichkeiten gehören dazu, wie zum Beispiel der Choreograph Maurice Béjart, der englische Sänger Cat Stevens, Michel Chodkiewicz, Verlagsleiter der Editions de Minuit in Paris und bedeutender Kenner des Sufismus, die hervorragende Schriftstellerin und Sufi Eva de Vitray Meyerovic, der Meeresforscher Jacques-Yves Cousteau und der Sänger Franco Battiato, Mitglied einer Sufi-Bruderschaft.

Bevor er zum Islam konvertierte, war der frühere französische Abgeordnete, Präsident der Nationalversammlung, Begründer des „Centre d'Études et de Recherches Marxistes" und derzeitige Senator Roger Garaudy ein überzeugter Kommunist und verfasste ein Buch mit dem Titel „Gott ist tot". Seit 1947 leitet er das von ihm gegründete „Internationale Institut für den Dialog zwischen den Kulturen" in Córdoba.

Für einen möglichen Dialog zwischen Islam und katholischer Kirche setzten sich Pater Henri Laurman (1862–1937), Miguel Asín y Palacios (1871–1944) und Louis Massignon (1883–1962) ein; ihre jeweiligen Beiträge haben möglicherweise den Geist des Zweiten Vatikanischen Konzils (1962–65) mit beeinflusst. In seiner Erklärung „Nostra Aetate" (Nr. 3) steht geschrieben: „Mit Hochachtung betrachtet die Kirche auch die Muslime, die den alleinigen Gott anbeten, den lebendigen

und in sich seienden, barmherzigen und allmächtigen, den Schöpfer des Himmels und der Erde, der zu den Menschen gesprochen hat." Von 1964 bis 1974 gab es ein „Bureau für den Islam" (unter der Leitung von Pater Joseph Cuoq), das dann in „Kommission für den Islam" umbenannt wurde (bis 1979 unter der Leitung von Pater François Abn Mookh, danach von Bruder Martin Sabaneghh). Innerhalb des „Ökumenischen Rates der Kirchen" ist die Unterkommission namens „Dialog mit den Religionen und Ideologien unserer Zeit" (DRI) auf dem Gebiet aktiv.

Bemerkenswert ist im Westen auch die rege Tätigkeit der Sufi-Bruderschaften, die nunmehr in der ganzen Welt Verbreitung gefunden haben. Vor dem Hintergrund eines anhaltenden Bedürfnisses nach spiritueller Erneuerung und Tiefsinnigkeit in einem von Materialismus und Konsum zunehmend entstellten Abendland strahlt der Islam zweifelsohne eine authentische Vitalität aus, die der Prophet Mohammed bereits vor 1400 Jahren predigte, die seitdem kaum nachgelassen hat und sich auch in Zukunft sicher weiter entfalten wird.

Linke Seite, oben: Der Eingang zur Grabmoschee in Kerbela (Irak).
Unten: Die moderne Moschee in Turfan, Chinesisch-Turkestan (Sinkiang).

Links: Portal der Qadiriya-Moschee in Bagdad.
Unten: Porträt des osmanischen Sultans Selim III. von Hippolyte Berteaux (1843–1926).

Johann Wolfgang Goethe

„Kommt ihr alle! – / Und nun schwillt er / Herrlicher; ein ganz Geschlechte / Trägt den Fürsten hoch empor! / Und im rollenden Triumphe / Gibt er Ländern Namen, Städte / Werden unter seinem Fuß. / Unaufhaltsam rauscht er weiter, / läßt der Türme Flammengipfel, / Marmorhäuser, eine Schöpfung / seiner Fülle, hinter sich. / Zedernhäuser trägt der Atlas / Auf den Riesenschultern: sausend / wehen über seinem Haupte / Tausend Flaggen durch die Lüfte, / Zeugen seiner Herrlichkeit. / Und so trägt er seine Brüder, / Seine Schätze, seine Kinder, / Dem erwartenden Erzeuger / Freudebrausend an das Herz."
Johann Wolfgang Goethe (1749–1832): „Mahomets Gesang"

Aussprüche des Propheten

Macht es den Menschen leicht, wenn ihr ihnen vorbetet! Denn vielleicht sind alte, kranke oder schwache Leute dabei. Wer aber allein betet, kann sein Gebet so ausführlich gestalten, wie er will.

al-Buchari, X, 62 (dt. X, 25, S. 147)

Dreierlei ist bezeichnend für einen Heuchler: Wenn er redet, lügt er; verspricht er etwas, so bricht er sein Versprechen; und vertraut man ihm, so handelt er treulos!

al-Buchari, II, 24 (dt. II, 13, S. 38)

Wenn Aufrichtigkeit und Redlichkeit ihre Bedeutung verlieren, kannst du die Stunde in Kürze erwarten. Wenn die Herrschaft in die Hände von Leuten gerät, die nicht über das erforderliche Wissen verfügen, kannst du in Kürze mit der Stunde rechnen.

al-Buchari, III, 2 (dt. III, 2, S. 46–47)

Schimpft nicht über die Toten, denn sie sind bereits an den Ort gelangt, den sie verdient haben.

al-Buchari, XXIII, 97

Welches Almosen wird am meisten belohnt werden? Dasjenige, das der gesunde und geizige Mensch entrichtet hat, der die Armut fürchtet und Reichtum wünscht.

al-Buchari, XXIV, 11 (1)

Das Almosen, das in Form von Geld entrichtet wurde, ist schön und gefällig. Demjenigen, der es ohne Gier entgegennimmt, wird es Glück bringen; derjenige aber, der es aus Habgier entgegennimmt, wird keinen Gewinn daraus ziehen: Ihm wird es ergehen wie dem, der isst, ohne seinen Hunger stillen zu können. Die Hand, die gibt, ist mehr wert als die Hand, die nimmt.

al-Buchari, XXIV, 5 (4)

Armselig ist nicht derjenige, der sich mit einem oder zwei Bissen Nahrung zufrieden geben muss; wahrhaft armselig ist vielmehr derjenige, der, obwohl er nichts besitzt, sich schämt, um etwas zu bitten, oder es nicht vermag, die Leute mit dem nötigen Nachdruck um etwas zu bitten.

al-Buchari, XXI, 53 (1)

Drei Dinge sind es, die Gott missbilligt: spitzfindige Reden, die Verschwendung von Gütern und übertriebene Forderungen. Und dreierlei sind die Feinde meiner Religion: der Fundamentalist, der Fundamentalist, der Fundamentalist.

al-Buchari, XXIV, 53 (2)

Derjenige, der das Heiratsalter erreicht hat, tut gut daran, sich zu vermählen; die Ehe ist das beste Mittel, um laszive Blicke zu löschen und die fleischlichen Gelüste zu zähmen. Derjenige, der nicht heiraten kann, soll fasten: Es wird ihm Beruhigungsmittel sein.

al-Buchari, XXX, 10

Der Gesandte Gottes erzählte:
„Ein Reisender war einmal sehr durstig. Er stieg in einen Brunnen hinab und trank. Als er wieder hinaufgeklettert war, sah er einen Hund, der seine Zunge heraushängen ließ und wegen seines großen Durstes feuchte Erde fraß. Der Mann sagte zu sich selbst: ›Diesem Hund geht es, wie es mir ergangen ist.‹ Er stieg erneut in den Brunnen hinab und füllte seinen Schuh mit Wasser. Er hielt seinen Schuh mit den Zähnen fest, während er wieder hinaufkletterte, und gab dem Hund zu trinken. Gott dankt diesem Mann seine gute Tat und verzieh ihm seine Verfehlungen!"
Die Leute fragten: „O Gesandter Gottes, werden wir auch für unser Verhalten gegenüber Tieren belohnt?". Er antwortete: „Ja, jeder Dienst an Lebewesen wird belohnt!"

al-Buchari, XLII, 9 (1) (dt. XXII, 4, S. 263)

Derjenige, der sich zum Sklaven des Geldes, prächtiger Gewänder und luxuriöser Kleider macht, der sich freut, wenn ihm gegeben wird, und der sich beklagt, wenn ihm nicht gegeben wird, wird Bankrott gehen.

al-Buchari, LVI, 70 (2)

Es gibt Männer, die scheinbar wie die Paradiesbewohner handeln, aber doch zu den Insassen der Hölle gehören! Und es gibt Männer, die scheinbar wie Höllenbewohner handeln, aber dennoch ins Paradies eingehen werden.

al-Buchari, LVI, 77 (dt. XXVIII, 16, S. 310)

Krieg ist Betrug. al-Buchari, LVI, 157 (3) (dt. XXVIII, 28, S. 317)

Traut den Ahnungen nicht, denn sie sind trügerischer als die Wirklichkeit. Seid nicht indiskret, spioniert nicht herum, seid nicht neidisch, hasst nicht, werdet nicht wütend. Seid Brüder, denn ihr seid Gottes Diener.

al-Buchari, LXXIII, 58

Energisch ist nicht derjenige, der Gewalt anwendet, sondern derjenige, der im Augenblick des Zorns Herr seiner selbst bleibt.

al-Buchari, LXVIII, 76 (1)

Besäße der Sohn Adams zwei Täler voller Reichtümer, gerne hätte er noch ein drittes; nur das Grab macht den Bauch von Adams Sohn satt. Und doch gibt es einige unter ihnen, die sich Gott zuwenden.

al-Buchari, LXXX, 10 (2)

Reichtum besteht nicht aus der Überfülle an Gütern; Reichtum ist der Reichtum der Seele. al-Buchari, LXXXI, 15

Wenn einer von euch auf einen anderen schaut, der mit mehr Reichtum und Schönheit ausgestattet ist als er selbst, der schaue auch nach dem, dem weniger gegeben ist als ihm selbst.

al-Buchari, LXXVI, 30

Aufmerksam ist, wer seine lüsterne Seele unter Kontrolle behält und mit Blick darauf handelt, was nach dem Tod geschehen wird. Nachlässig ist hingegen, wer seine lüsterne Seele den Instinkten überlässt und mit seinen eitlen Träumen auf Gott setzt.

Tirmidhi, Nawwawi, I, 5 (7)

Unterlasst es nicht, ein gutes Werk zu vollbringen, und sei es auch nur, dass ihr einem Bruder mit fröhlichem Gesicht begegnet.

Muslim, Nawwawi, I, 13 (5)

Derjenige, der andere auffordert, den rechten Weg einzuschlagen, wird ebenso belohnt werden wie derjenige, der diesem Weg gefolgt ist, und dies wird die Belohnung nicht im Geringsten schmälern. Derjenige, der andere auffordert, einen schlechten Weg einzuschlagen, wird ebenso bestraft werden wie derjenige, der diesem Weg gefolgt ist, und dies wird die Strafe nicht im Geringsten schmälern.

Muslim, Nawwawi, I, 20 (2)

Verzichte auf diese Welt, und Gott wird dich lieben; verzichte auf das, was Leute besitzen, und die Leute werden dich lieben.

Ibn-Maga (Ibn Madja), Nawwawi, I, 55 (16)

Dem Sohn Adams ist es gestattet, nur diese vier Dinge zu besitzen: ein Haus, in dem der sich ausruhen kann; ein Kleid, mit dem er sich bedecken kann; eine Ration Brot und eine Ration Wasser.

Tirmidhi, Nawwawi I, 55 (26)

Der Sohn Adams ruft unablässig aus: „Meine Güter, meine Güter!" Aber was besitzt du in Wirklichkeit, Sohn Adams, über das hinaus, was du gegessen hast, was du anhast und abnutzt, was du an Almosen gegeben und zu einem guten Ende gebracht hast?

Muslim, Nawwawi, I, 55 (27)

M

• *madrasa*: Schulanstalt, in der die islamischen Wissenschaften gelehrt werden, theologische Fakultät einer Hochschule. Der Begriff bezeichnet ebenfalls den diesen Schulen zugrunde liegenden architektonischen Aufbau, der eine recht große Ähnlichkeit mit der Baustruktur der Moscheen aufweist und seinen Ursprung in den buddhistischen Viharas des 7. bis 8. Jahrhunderts in Zentralasien hat.

• *manara*: Minarett (von *manara* [Leuchtturm]; auch *sawma'a, mi'dhana*). Ein nicht zwingend vorgeschriebener, die Moschee überragender turmartiger Bauteil, auf den der Muezzin steigt, um die Gläubigen zum Gebet aufzurufen (*adhan*). Die Meinungen der Gelehrten bezüglich der Ursprünge des Minaretts sind geteilt: Sie reichen von den turmartigen Grabbauten von Palmyra über die ägyptischen Obelisken und die Masseben (Grab- und Erinnerungsstelen der so genannten semitischen Völker). Es kommen im Wesentlichen drei Bautypen vor: der viereckige Grundriss (Nordafrika), der runde, orgelpfeifenförmige Turm (Zentralasien) und das schlanke, hohe und spitze, sog. Nadelminarett (Türkei).

• *ma sha' allah*: „was Gott will". Populärer Ausdruck aus dem Koran, der Unheil abwehren soll.

• *masdjid*: Moschee. Wörtlich „Ort, an dem man sich niederwirft". Wichtigster kultischer Ort des Islam, an dem sich die Gemeinschaft der Gläubigen vor allem freitags versammelt, wenn die Sonne den Zenit erreicht hat. Sie kann auch die Funktionen von Grundschule, Gericht oder Mausoleum übernehmen.

• *mihrab*: die große Gebetsnische oder Bogenmarkierung in der nach Mekka ausgerichteten Wand einer Moschee, eines Gebetsraumes oder jedes anderen Gebetsplatzes, die die von den Betenden während des Gebetes selbst einzunehmende Gebetsrichtung (*qibla*) anzeigt. Künstlerisch ist der Mihrab der wichtigste Teil der Moschee.

• *milla*: Religion, religiöse Doktrin, spirituelle Gemeinschaft.

• Minarett: siehe *manara*.

• *minbar*: Predigstuhl oder Kanzel, von der die Freitagspredigt (*khutba*) gehalten wird. Sie ist rechts vom Mihrab angeordnet.

• *mi'radj*: Leiter, Aufstieg; Himmelsleiter. Die prophetische „Nachtreise" Mohammeds von Medina nach Jerusalem und von dort durch die sieben Himmel bis vor Gottes Thron. Traditionell gedenken die Muslime der Himmelsreise Mohammeds am 27. *radjab* des islamischen Kalenders.

• *mitaq*: Pakt, Bund.

• Moschee: siehe *masdjid*.

• mufti: Jurist, der Rechtsgutachten erstellt.

• *muhadjir* (Plural *muhadjirun*): Exilant, Auswanderer. Jene Muslime, die im Gefolge des Propheten von Mekka nach Medina auswanderten, wo sie Mohammeds machtpolitische Basis ausbauten.

• *mu'min*: aktives Partizip der 4. Form des Wortstammes *'-M-N*; der Gläubige, der Monotheist, der an Gott glaubt, egal welcher Religionsgemeinschaft er angehört.

• *munafiq*: aktives Partizip der 3. Form des Wortstammes *N-F-Q*; der Heuchler, dessen Verhalten der Koran aufs Schärfste verurteilt.

• *muqarnas*: typische Schmuckform islamischer Baukunst. Die Bezeichnung geht auf das griechische Wort coronis zurück. Es ist ein bogenförmiges Element zur Überleitung von einer horizontalen zu einer vertikalen Ebene und mit „Stalaktiten" oder „Bienenwaben" geschmückt ist. Als Material dient Stein, Holz, Stuck oder Fayence.

• *muslih*: Reformer, Friedensstifter, Zurechtweiser, Gegenreformator.

• *muslimun*: die Muslime. In Europa gibt es zwei unterschiedliche Glaubensgemeinschaften: die „alten" Gemeinden, die bis ins 14. Jahrhundert, auf die Herrschaft der Mongolen und Türken zurückgehen (in Griechenland, Bulgarien, Rumänien, Albanien und anderen Staaten des Balkans, in Ungarn, Polen und Finnland), und die „jungen" Gemeinden, basierend auf der Einwanderung zahlreicher Muslime aus unterschiedlichen Ländern in die Industriestaaten.

P

• Pilgerfahrt: siehe hadjdj.

Q

• *qibla*: siehe masdjid.

• Quraish: Mächtiger arabischer Stamm in Mekka, gegründet von Fihr, dem Stammesführer der Kinana. Der Name ist die Kurzform von *qirsh* (Haifisch). Ein Nachkomme von Fihr, Qusayy, eroberte das Heiligtum von Mekka und teilte die Stadt auf die verschiedenen Zweige seines Stammes auf, von denen auch der Prophet Mohammed entstammte.

R

ramadan: neunter Monat des islamischen Mondjahres; er ist heilig, weil in jenem Monat der Koran begann, „zur Erde herabzukommen".

S

• *salam*: Wohlbefinden, Unversehrtheit, Heil, Friede. Die typische Grußformel, die jeder Muslim gegenüber anderen Muslimen zu verwenden gehalten ist, lautet: *salam 'alaikum* (Heil [sei] über euch!), und die Antwort darauf: *wa 'alaikum salam*.

• *salat*: gewöhnliches rituelles bzw. kanonisches Gebet, das fünfmal täglich verrichtet werden muss: bei der Morgenröte (*fadjr*), mittags, wenn die Sonne den Zenit überschreitet (*zuhr*), Spätnachmittags (*'asr*), kurz nach Sonnenuntergang (*maghrib*) und nach Einbruch der Nacht (*'isha'*).

• *sama'*: die wichtigste rituelle, kollektive und spirituelle Anhörung bei den Sufis, begleitet von Gesang und Musik.

• *saum*: Fasten; die durch das Gesetz vorgeschriebene Fastenzeit.

• Scheidung: siehe talaq.

• *shahada*: Zeugnis; das islamische Glaubensbekenntnis der Einzigartigkeit Gottes und der Mission des Propheten. Die Formel lautet: *La ilaha illa 'Llah, wa-Muhammad rasul Allah* – „Es gibt keine Gottheit außer Gott (Allah), und Mohammed ist sein Gesandter".

• *shaikh*: Ältester, Oberhaupt, Meister. Geistliches Oberhaupt; Meister, der eine Sufi-Bruderschaft ins Leben ruft.

• *shari'a*: das „Religionsgesetz", die traditionelle Gesetzgebung.

• *shi'a*: Partei; die Partei der Anhänger des vierten Kalifen Ali; Gegner der Sunna.

• *sira*: Verhalten, Lebensweise, Reiseweg. Die Wissenschaft, die die Lebensumstände des Propheten Mohammed und seine Verhaltensweisen zum Gegenstand hat.

• Sufismus: siehe tasawwuf.

• *sunna*: Gewohnheit, Brauch. Die Tradition des Islam, die sich auf die Handlungen und Aussprüche des Propheten als Ergänzung zum Koran und auf dessen Auslegung beruft.

• *sura*: Verteilung, Reihe, Hürde. Name jeder einzelnen der 114 in Verse gegliederte Abschnitte des Korans.

T

• *talaq*: „Entlassung" im Sinne von Ehescheidung. Überschrift der 65. Sure des Korans.

• *tanasukh*: Seelenwanderung, Reinkarnation.

• *tasawwuf*: der Sufismus, Initiations- und mystischer Pfad, verzweigt in Bruderschaften oder Orden (*turuq*, Singular *tariqa*). Wegen seines esoterischen Charakters, der auf tieferem Verständnis des Korans, auf dem Respekt aller Religionen, der Liebe für die Erkenntnis, den höheren Studien, den Künsten und deren Werte gründet, stellt er eine der überragenden Ausdrucksformen des Islam dar.

• *tauhid*: Glaube an die Einheit Gottes; die Einheit, Einzigartigkeit und Transzendenz Gottes, der Kern des islamischen Glaubens.

U

• *umma*: Volk, Gemeinschaft der Muslime.

• *ummi*: des Lesens und Schreibens unkundiger, ungebildeter Mensch. Auf den Propheten übertragen, hat das Wort die Bedeutung von: ohne Kenntnis der heiligen jüdischen und christlichen Schriften.

• *'umra*: kleine Wallfahrt bzw. der gewöhnliche Besuch von Mekka, der zu jedem beliebigen Zeitpunkt, außer in der Zeit der großen Pilgerfahrt (siehe *hadjdj*), verrichtet werden kann.

W

• Wallfahrt: siehe hadjdj.

• *wudu'*: Waschung, Die rituelle Waschung, die vor jedem Gebet verrichtet werden muss, wenn der Betende sich nicht im Zustand der Reinheit befindet. Man unterscheidet zwischen der kleinen und der großen Waschung. Bei Ersterer sind die Hände, der Mund, die Nasenlöcher, das Gesicht und die Vorderarme, bei Letzterer Hände, Haare, Ohren und Füße zu waschen. Wenn kein Wasser vorhanden ist, soll man sich bei der so genannten trockenen Waschung (*tayammum*) mit etwas Sand oder Erde über das Gesicht und die Hände streichen oder die Hände kurz auf eine helle, saubere Fläche legen.

Y

• *yaum ad-din*: Tag des Gerichts.

Z

• *zakat*: die Almosengabe; eine der fünf Grundpflichten der Muslime.

Bibliografie

Weiterführende Literatur

al-Buchari: *Nachrichten von Taten und Aussprüchen des Propheten Muhammad* (ausgewählt, aus dem Arabischen übersetzt und herausgegeben von Dieter Ferchl), Reclam, Stuttgart 1991.
Asín Palacios, Miguel: *Dante y el Islam*, Madrid: Editorial Volvntad s.a. 1927.
Bobzin, Hartmut: *Der Koran. Eine Einführung*, C.H. Beck, München 1999
Cardini, Franco: *Europa und der Islam. Geschichte eines Missverständnisses*, C. H. Beck, München 2000
Colour and Symbolism in Islamic Architecture, Thames & Hudson, London 1997.
D'Ancona, A.: *La leggenda di Maometto in Occidente*, Rom: Salerno 1994.
Delcambre, Anne-Marie: *Mohammed, die Stimme Allahs.* Aus dem Französischen von Jochen Budde, Ravensburg: Maier 1990.
Gabrieli, Francesco (Hrsg.): *Mohammed in Europa. 1300 Jahre Geschichte, Kunst, Kultur.* Aus dem Italienischen von Johann Strauss, München: List 1983.
Halm, Heinz (Hrsg.): *Geschichte der arabischen Welt*, 4. überarbeitete Auflage, C. H. Beck, München 2001
Hattstein, Markus / Delius Peter: *Islam. Kunst und Architektur*, Könemann, Köln 2000.
Hourani, Albert Habib: *Die Geschichte der arabischen Völker.* Aus dem Englischen von Manfred Ohl und Hans Sartorius, Frankfurt am Main: S. Fischer Verlag 1992.
Khouri, Adel Th.: *Der Islam - Sein Glaube, seine Lebensordnung, sein Anspruch*, Herder, Freiburg 1988.
Khouri, Adel Th./ Hagemann, Ludwig / Heine, Peter: *Islam-Lexikon*, Herder, Freiburg 1991
Der Koran. Übersetzung von Rudi Paret. Stuttgart: Kohlhammer 1966 (8., veränd. Aufl. 2001).
Lings, Martin: *Muhammad. Sein Leben nach den frühesten Quellen.* Aus dem Englischen von Shukriya Uli Full, Kandern im Schwarzwald: Spohr 2000.
Mantran, Robert (Hrsg.): *Les grandes dates de l'Islam*, Paris: Larousse 1990.
Martini, Carlo Maria: *Noi e l'Îslam*, Mailand: Centro Ambrosiano Doc. e studi religiosi 1990.
Nagel, Tilmann: *Der Koran. Eine Einführung*, C. H. Beck, München 1983
Perego, Marcello: *Le parole del sufismo. Dizionario della spiritualità islamica*, Mailand: Mimesis 1998.
Rodinson, Maxime: *Mohammed.* Aus dem Französischen von Guido Meister, Luzern/Frankfurt am Main: Bucher 1975.
Sardar, Ziauddin / Zafar, Abbas Malik: *Introducing Mohammed*, New York: Totem Books 1994.
Schimmel, Annemarie: *Der Islam, Eine Einführung*, Reclam, Stuttgart 1990.
Schimmel, Annemarie: *Sufismus. Eine Einführung in die islamische Mystik*, C. H. Beck, München 2000
Tibi, Bassam: *Die neue Weltordnung. Westliche Dominanz und islamischer Fundamentalismus*, Ullstein, München 2001

Vom Autor dieses Bandes (eine Auswahl)

Mohammed und seine Zeit. Aus dem Italienischen von Erika Schindel, Wiesbaden: Vollmer 1976.
Il Sufismo, vertice della piramide esoterica, Mailand: SugarCo 1977.
Il Corano. Versione e commenti. Dedicato a Si Hamza Boubakeur, Mailand: Edizioni Universitarie COOPLI 1979 ff. Überarbeitete und erweitere Ausgabe (12 Bände, 1400 Seiten in 4. Aufl.), Internationale Universität von Córdoba 1998 ff.
Wie erkenne ich islamische Kunst. Deutsche Bearbeitung von Gerd Betz, Stuttgart/Zürich: Belser 1979 (Gondrom Bindlach 1990).
I detti di aHallaj (Einleitung, Übersetzung und Anmerkungen), Genua: Edizioni Alkaest 1980.
Un sufi e il potere – Il primo libro del Gulistan di Sa'di – Einleitung, Übersetzung und Anmerkungen), Mailand: Edizioni del Fiore d'Oro 1981.
Trecento quartine di Rûmî (Einleitung, Übersetzung und Anmerkungen). Vorwort von Halil Cin, Casamassima: Edizioni dell'Università Islmica 1986.
Petali di un fiore sufi, Casamassima: Edizione dell'Università islamica 1988. (Kommentierte und erläuterte Übersetzung auf Deutsch der Blütenblätter einer Sufi-Blume von Arpad Klein, Mailand: Edizioni COO-PLI-IULM 1991.)
Storia dell'Harem, Mailand: Rusconi 1991 (Tb-Ausgabe 1994).
Il Corano senza segreti, Mailand: Rusconi 1991.
Saggezza islamica: *le novelle dei Sufi*, Mailand: Edizioni San Paolo 1995.
Storia del Sufismo, Mailand: Rusconi 1995 (Tb-Ausgabe Mailand: Bompianai 2001).
Gott hat neunundneunzig Namen. Die spirituelle Botschaft des Korans. Aus dem Italienischen von Madeleine Windisch-Graetz, Augsburg: Pattloch 1997.
Maometto, breviario (Die Hadithe des Propheten – Anthologie, Geschichte, Übersetzung und kritische Untersuchung), Mailand: Rusconi 1996.
L'alfabeto arabo, Mailand: Mondadori 2000.
Sufismo e poesia. 44 poesie mistiche in italiano con versione a fronte in arabo (Kunstedition mit 44 Kalligraphien von Lassaâd Métoui und CD mit 4 Gedichten in der Vertonung von Lorenzo Palmeri), Mailand: Confraternita dei Sufi Jerrahi-Halveti in Italia & Cooperativa Editrice Libraria Universitaria IULM 2001.

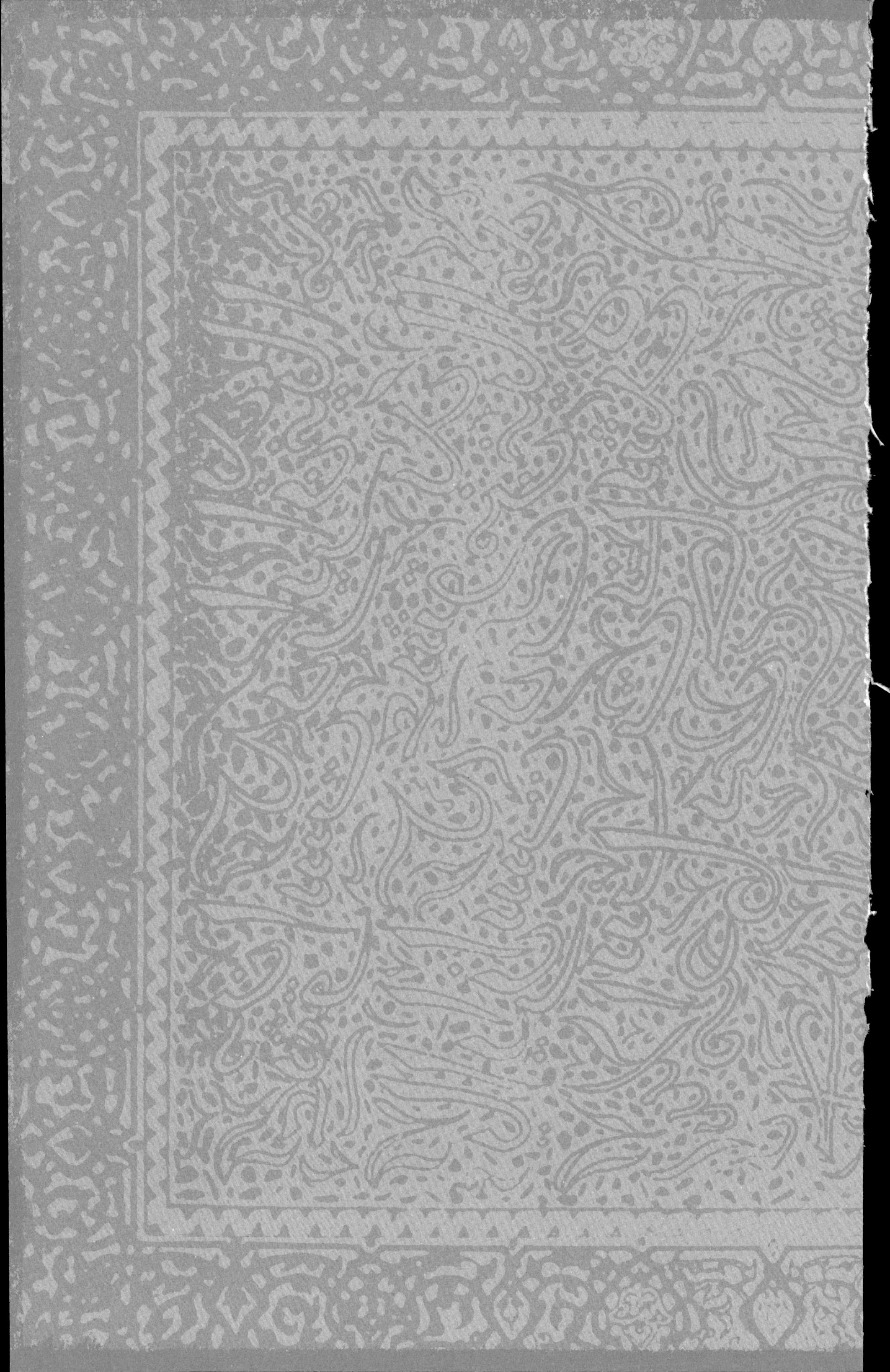